# そのまま授業にいかせる生活科

ねらい・学習内容・展開

（自然科学教育研究所）
江川多喜雄［編著］

合同出版

# 読者のみなさまへ

2008（平成20）年３月に、学習指導要領が改訂され、2011（平成23）年度から完全実施となりました。新教科書を使用して１年がたちました。日々の授業にどのような変化がおきているでしょう。

新しい生活科の新教科書を見ると、まるで、遊びの図鑑のようです。いろいろな体験はさせますが、何を学び取らせるのかが、教科書では明示されていません。

ある若い教師がヒマワリの成長を観察し、花からたくさんのたねができることをとらえさせたいとプランを立てたら、先輩教師に「ヒマワリさんの気持ちになることが大切です」と言われたそうです。生活科が始まったころ、このような情感を優先する教育が行なわれ、批判を受け、消えたかと思っていましたが、また脈々と受け継がれていることに驚きました。

生活科の教科書には「なつとなかよし」「あきだいすき」といった情緒的なものや、「あきをさがそう」といった抽象的な単元が並んでいます。低学年の子たちには、「たねをさがそう」「おちばをあつめよう」というように具体的に示し、体験によって学び取らせることが大切なのです。

低学年の子どもたちは、知的好奇心が旺盛で、賢くなりたいと思っています。「教科」であるからには、学習することで、子どもにどんな力をつけるのか、そしてそのためにどんな内容を教えるのか、が教師自身に明確になっていなければなりません。そしてそのためには、意図的、計画的に組まれた授業が不可欠です。

ところが、それが具体的に示されていないのが、「生活科」なのです。

「自立への基礎を養う」とは言っていますが、しっかりとした知識も技術も身につけていない子どもたちに「自由にやりなさい」というだけで、一体どんな力がつくというのでしょう。

わたしたちは、今までの低学年教育の実践の成果に学び、低学年ではどんな力をつけなければならないのか、そのために、どんな内容をどうやって教えていけばいいのかについて、検討を繰り返し、プランを立てました。そして、そのプランに基づいて１年間実践して再度検討し、『見つける・つくる生活科』（1998 年４月）にまとめました。その後 10 年間にわたって、実践研究を行ない、再編集し、加筆・修正し、まとめたのが本書です。

１章では、低学年教育としての生活科という教科の役割と意義を、具体例を引きながら述べています。

２章では、生活科の中心となる、６つの内容について説明します。今回は社会認識に関する「働く」という内容が１つ増えました。私立明星学園小学校で実践研究されたものを加えています。そして、年間指導計画例を紹介しています。

３、４章では、指導計画にある単元の「ねらい」「授業の展開」を、すぐに授業ができるようにできるだけ具体的に記述しました。

授業の中で使える教材・教具等も、すべて載せてあります。図などは拡大コピーするなどして使っていただきたいと思います。

地域によって、学校の事情によって、このままのプランではちょっとむずかしい、という場合もあることでしょう。子どもたちの実態を考えて計画を立て、実践していただきたいと思います。

なによりも重視したいのは、

**①日常生活の中で五感を使って自然にふれることで感性を豊かにすること。**

**②事実を通して言葉を獲得し、論理をみがくこと。**

**③みんなで学び合い、響き合う学習集団を育てること。**

子どもたちに本当の「生きる力」をつけるために、わたしたち教師自身の手で、よりよい生活科の授業をつくっていこうではありませんか。この本で提起した課題から、今後の実践研究がさらに前進していくことを期待します。

自然科学教育研究所　江川多喜雄

## もくじ

## 第３章　学習内容と学習展開＜１学年＞

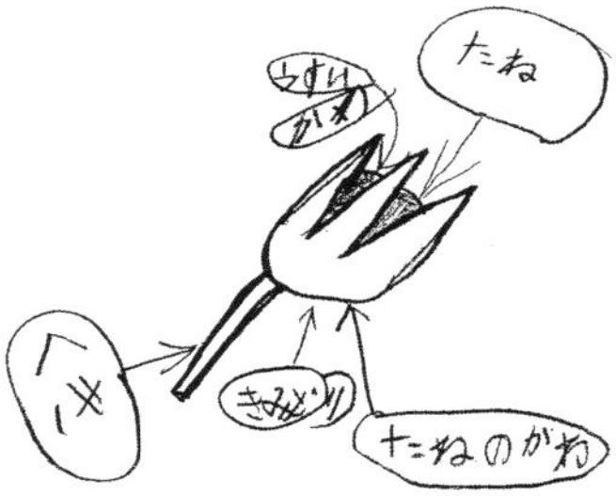
たね
うすいかわ
きみどり
たねのかわ

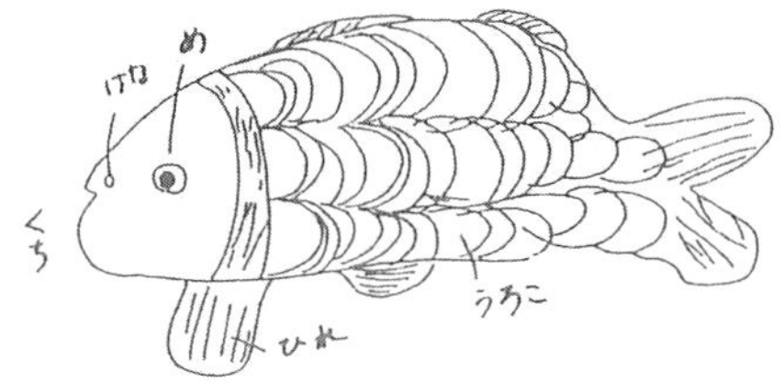




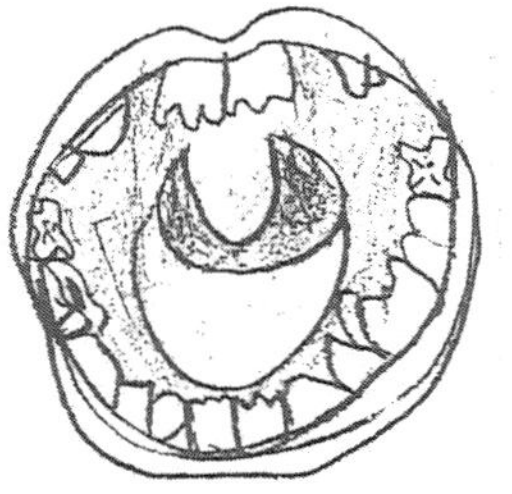

作図：Shima.
編集協力：園原稔雄デザイン室
装幀：佐藤健＋六月舎

# 第1章 低学年教育としての生活科

## 1 「小さな科学者たち」の基礎をつくる

### ●自然への働きかけをうながす

自然にいつも目を向け、働きかける生活をするように、見つけた自然を教室に持ち込む活動をすすめていたときのことです。

１年生の男の子が、四つ葉のクローバーさがしをしていたとき、クローバーの地面をはう茎を見つけました。彼は、じっと見るだけでなく、手を出して働きかけることによって、茎や根を発見するのです（資料１）。

低学年の試みは、遊びであることもあります。

ザリガニとりに夢中だった別の男の子は、ザリガニがあぶくを出すのを見つけました。「おかしい」と思って、その疑問をさぐるために、同じことを３回試みました。その結果、ザリガニの口が大きなはさみになっている前足の間にあることを発見しました（資料２）。

ナナホシテントウをひっくりかえして転がしたりして遊んだことで、かたい羽根の下に、うすい羽根があることを見つけた子どももいました（資料３）。

**●資料1 「みつばのみどりのながいくき」**

きのう、がっこうからかえって、おやつをたべてすこしたったら、そとへいきました。しばふへいきました。四つばのくろうばーをさがしました。三つばをどけてさがしました。どかしていたら、みどりのながいものがありました。よくみたら、三つばのくきでした（かずひこ）

**●資料2 「ざりがにのくちは、まえのてのあいだにある」**

ざりがにをとって、水のところであらってやっていたら、あぶくがでた。それでおかしいとおもって、３かいやった。それで、わかった。くちからあぶくをだしていた。はさみのあるまえのてのあいだに、くちがある（としのり）

**●資料3 「てんとうむしがはねをひろげておきた」**

おかあさんが、きゃべつのかわのところをむこうとしたら、ななほしてんとうがいました。それで、とって手のところにのっけたら、かたのところまで　のぼっていきました。こんどは、ころがしたら、足をちぢめてころがりました。そして、はねをひろげておきました。かたいはねの中に、うすいはねが２まい、かさなってはいっています（ひろみつ）

テントウムシは、おどろいたときに、足をちぢめて転がります。ところが、ひっくりかえったテントウムシは足が短いので足をもがいてみても、床に足がつきません。そこで、羽根をひろげて起きあがるのです。この男の子は、テントウムシを転がして遊ぶことで、こうした事実を見ることができ、かたい羽根とうすい羽根があることを発見したのです。

遊びの中でも、ちょっとしたことも見逃さない、するどい目をもっているからこういう発見があるのです。

わたしは、子どもの頃、庭先のトマト畑で、ニジュウヤホシテントウをよくとりました。ニジュウヤホシテントウの幼虫が、トマトの葉を食べる害虫なので、成虫が産卵にきているのを見つけるとつかまえて殺したのです。

つかまえるときは、ちり取りを葉の下に置いて葉をトンッとゆらします。すると、ニジュウヤホシテントウの成虫は、足をちぢめてコロッと落ちてきます。

## ●思わぬ発見を引き出す

磁石にくっつくものは、鉄でできているものであることを学習したあとで、鉄さがしの活動をしました。「校庭の鉄さがしをやろう。どこに鉄があるか見つけよう」と語りかけ、磁石を持たせて校庭に出ました。わたしは、子どもたちの活動が見える場所にすわって、走り回る子どもたちを見ていました。

さっそく鉄棒に駆け寄っていった男の子は、息をはずませて、わたしのところに走ってきました。そして、「先生、鉄棒が鉄だったよ！」と言うのです。「そうか、鉄の棒でつくってあるから、鉄棒なんだ」とわたしが相づちをうつと、「うん」と大きくうなずきました。

なかには、ひもに磁石をくくりつけて、校庭をひっぱり回している子もいました。子どもたちの思いつきには、驚かされることがよくあります。

花さがしをしたときは、虫めがねを持たせたら、花が大きく見えその美しさに感動した子どもたちがいました。そして、見つけた花の中で、一番描きたいと思う花の絵を描こうと言ったとき、ナズナの花を描いた子が何人もいました。ナズナの小さな花は、虫めがねで見ることによって、子どもたちの心をとらえたのでしょう。

自然に働きかけ、たくさんのものや事がらを見つけてくると、その事実の発見だけではなく、その現象が起きる原因についても考えるようになります。

ある日、子どもが、地面に落ちている小石を拾おうと思ったら、かたくて取れず、あらためて力を入れて取ってみると、石に霜柱がくっついて取れてきました。この事実から、彼は石が簡単に取れなかったわけを、霜柱のせいだと考えたのです（資料４）。

また、ある女の子はアゲハの越冬サナギを部屋の中に置いておいたら、冬に羽化したことを発表しました（資料５）。暖房している部屋のために羽化が早まったのです。これを発表した子どもは、部屋の中と外の暖かさの違いで、花が咲く時期が違うのだと考えました。彼女は、 暖冬の年にウメが例年より早く花を咲かせることや、サクラ前線が、その年の気候で変わってくるという事実は知りません。けれど、このように考えることができるのです。

## ●疑問や不思議に共感する

疑問や不思議にぶつかって、考えてみても、解決のつかないこともあります。

●**資料4　「いしにくっついていたしもばしら」**

きのう、せんせいが、いしをもってきなさいといいました。あさ、いしをさがしにいって　いしをとろうとしたら、いしがつちにくっついたようでした。てでとってみたら、いしに　しもばしらがくっついていました。しもばしらのせいで、いしがとれなかったんだとおもいました（まさゆき）

●**資料5　「へやの中は　はるだとおもって　はながさく」**

このまえ、じむしょに　うめのはながさいていました。もう、はながちったのでべらんだから　もう１つのうめのはなをもってきました。このまえじむしょにあったのは　はながさいていたのに、べらんだからもってきたのは　つぼみでした。おかあさんが「へやの中とどう違う？」と、きいたので、かんがえました。

そとのほうはさむくて、いえのほうがあったかいから、へやの中にあるうめのほうは　あったかいので、はるかとおもって　はながさいているのです。そとにいて、さむいほうは、ふゆだとおもっているから　つぼみで、はながさかなかった（えり）

●**資料6　「つきみそうは月を見たいの？」**

わたしは、うちのまえに、月見草の花がさいています。月見草の花は、ひるまはしぼんでいて、うす赤いいろをしています。ゆうがたになると、きいろくさきます。どうしてゆうがたさくのかな？　きっと、月を見たいからかな（ゆき）

●**資料7　「くもは、どこからくるのだろう」**

おつかいのかえりに、空をみながらあるいていたら、とってもきれいでした。くもがかいだんみたいで、なんだかのぼれるみたいでした。くもは、みちのようにもみえました。

空って、とってもひろくてひろくて　きれいですね。でもくもはどこからくるのだろう。なんで、あんなに　まっかなんだろう（あやこ）

夕方、花を咲かせるツキミソウ（マツヨイグサ）を見て、どうしてだろうと思った子どもがいました（資料６）。しかし、この疑問は１年生には解決できません。植物の体内時計のことを知らなければわからないことですから、今はそのままで解決できなくてもよいでしょう。

彼女は、「月見草」という名前から、「月が見たいから」咲くのかもしれないと考えました。このような思いもだいじにしたいと思います。わたしは「そう、月が出る頃の夕方に咲くから、月見草なんだね」と共感をもって応答しました。

また、ある子は広いひろい空にうかぶ雲に疑問を抱きました。階段や道のように見えたり、真っ赤に染まったりする雲は、とてもきれいで不思議なものです。彼女は、「くもは、どこからくるのだろう」と考えました（資料７）。子どもの「素直な心」が、感性豊かにとらえた疑問の芽を育みましょう。

## ●「幼き自然科学者」を育てる生活科

解決できない現象であっても、子どもたちに、いくつもいくつも出合わせたいと思います。それが、やがて科学的な自然観を形成する素地になるのです。子どもたちは「小さな科学者」です。自然を見つめ、働きかけ、考える子どもたちの姿に、それがうかがえるでしょう。

科学教育の先駆者である小林実氏は、学校での科学教育の大切さを説いた『幼き科学者』（1951 年、東洋書館）を出版しました。そこでは、小学生たちを「幼き自然科学者」と呼んでいます。

理科教育の研究に尽力された玉田泰太郎、遠藤豊の両氏は、『ぼくらは科学者』（1964 年、小峰書店）という、４・５・６年各１冊の子ども向けの科学の本をつくりました。両氏も、子どもたちも科学者だという立場で、自然科学教育を推進しています。

三氏の実践は、高学年が主でしたが、わたしは、その素地は低学年のときにあると考えています。小林氏はそれを認めており、「低学年の自然の観察は、するどい目をもって、自然のしくみを見抜けるようにと、指導を進めていく。ただ遊ばせるだけでなく、自然科学への道を進ませるのである」と述べ、自然を見つめ働きかけていく活動は、やがて「互に関連し、変化していく自然の現象を、一貫した目で見れるようになってくる」力になると考えています。

最近、生活科の学習で「おもちゃ大会」「○○祭り」「△△となかよし」といった、子どもたちの思いつきをだいじにした遊びがよく行なわれていますが、小林氏は、60 年も前に「ただ遊ばせるだけ」ではだめだと述べているのです。

低学年では、高学年の学習の素地となる教育をきちんとしておきたいと思います。その１つが、自然に働きかけ、自然のものやできごとをとらえることです。生活科はそれを行なう教科としたいと思います。

# 2 ほんとうの「生きる力」を身につけた子に

中央教育審議会の第一次答申（1996年7月）で「21世紀を展望した我が国の教育の在り方について、変化の激しいこれからの社会において『ゆとり』の中で『生きる力』をはぐくむことを重視する」ことが提言されました。このときから、にわかに「生きる力」が、これからの教育のキーワードとして取り上げられるようになりました。

しかし、“子どもたちに「生きる力」を”、ということは、民間教育研究者の中で、ずいぶん前から言われていました。早稲田大学名誉教授の大槻健氏（故人）は『臨教審「生活科」をのりこえる授業』（1987年、東京民研［編］、あゆみ出版）の「まえがき」で、次のように述べています。

**「今日子どもの心の荒廃がしばしば問題にされます。その場合、とりわけ子どもの自然や社会にたいする認識の質が問われます。子どもの周囲から自然が奪われ、あるいは人間や社会関係が希薄になっている中で、子どもたちは、生きている自然の姿をみることができず、あるいは人間の連帯や協力のすばらしさを知ることができないままに、自己の小さな殻の中に閉じこもって、自らの生き方を自ら狭めているという状況が一般化しています。**

**そうであれば、そうした生きる力をとりもどすために、学校教育はますます重要視されねばなりません。ところが、その学校教育が生きる力どころか、ばらばらに細片化された受験学力の授業に終始しているという矛盾に陥っているのが現状です。**

**こうした教育の荒廃に立ち向って、子どもたちの生きる力の回復に努力をかたむける学校や教師の姿が多くみられるようになりました」（傍点・筆者）**

大槻氏がこう著されてから20年以上たつのに、子どもたちの現状は変わっていないように思います。むしろ、競争教育になって、子どもたちの「心の荒廃」がもっと進んできているのではないでしょうか。大槻氏は、まず目の前にいる子どもたちの「生きる力の回復」に努力をしなければならないことを述べています。これは、現在、ますます重要です。

また、大槻氏は、子どもたちの「生きる力の回復」の努力は、これまでは「生活指導や学校行事、あるいは地域活動等の場面で展開されて」いることが多かったことを指摘し、さらに「教科の本質に迫ろうとする実践的努力」の重要性を述べています。そして、低学年のときから「子どもたちの（自然や社会）認識を正しく育て、それを通して子どもたちの生きる力を豊かに発達させていく必要があります」と説いていました。

それでは、低学年教育として重要なことは何か、教科としての生活科では、どんな実践がだいじか、そしてどんな子に育てるのかを考えてみましょう。

## （1）やりたがり屋、知りたがり屋、話したがり屋の子に

入学式から３日目、１本のタンポポを持って教室にいき、それを見せながら、「今朝、学校にくるとき、道端に咲いているタンポポを見つけました。これは、先生の『しぜんのたより』です。みんなも『しぜんのたより』を持ってきてください」と言って、身の回りで見つけた自然を教室に持ってくることをはじめました。すると、子どもたちは次々に発表をしてくれました。

「ツクシがいっぱいあったから、持ってきたの。採るときに、粉が出てきたよ」

「きのうアパートの周りを回ってきて、ちょうちょをつかまえました」

「学童へ行く途中に、バラのつぼみがありました。まだ１つも咲いていません」

「はっぱがいっぱいありました」

なかには、まだ自分の言葉で説明できず、「これは、デンデンムシです」で終わってしまうこともあります。そんなときは、質問します。

**子ども：これは、デンデンムシです。**

**教　師：どこで、採ったのですか。**

**子ども：ぼくの家のお庭。**

**教　師：庭のどんな所にいたの？**

**子ども：お庭の草むら。**

**教　師：何をしていたの？**

**子ども：うごいていたの。**

動物を見つけたら、「どこで、何をしているか」、植物を見つけたら「どこで、

**●資料８　「おばあちゃんちのたんぼ」**

おばあちゃんちへ、いって、たんぼへ、せりつみにいきました。かえるがいました。けらもいました。あめんぼうは、とろうとしたら、かわのところをぴょんぴょんととびました。

どうなっていたか」を見るようになることを考えて、会話をかわします。

よそへ出かけたときも、自然を見てくるようになります。持ってこられない自然は絵に描いてきてもらい、それをみんなに見せながら発表してもらいました（資料８）。

子どもたちが見つけた自然は、毎週『しぜんのほん』という学級通信としてつづり、発行しました。子どもたちは、これに載るよろこびから、積極的に働きかけをするようになり、先にあげた、クローバーの茎やザリガニの口などの発見となっていったのです。

また、『しぜんのほん』に載るよろこびは、先生や友だちに認められるよろこびに、そして自然のものやことを発見した知ることのよろこびへと発展していきました。

「円ばんとばし」（**P.176 参照**）をするときは、はじめ、牛乳キャップをとばしました。しばらくすると、もっと大きな円ばんをとばそうとする子が出てきました。そこで、厚紙に円をかく方法（紙コンパスの使用）を教えました。遠くへとばせるようになった子は、こんどは、円ばんでなく、飛行機やロケットなどの形に切りぬいてとばしはじめます。すると……、

「ロケットも、くるくる回ってとんでいくよ」と、どんな形のものも回転しながらとぶのに驚いていました。

また、円ばんを手でとばすと、円ばんや輪ゴムが指にぶつかって痛いので、輪ゴムを鉛筆にセロハンテープでくっつける子もでてきました。これが、発展して、輪ゴムをわりばしに取り付けた、わりばしでっぽうづくりをしました。

「円ばんを輪ゴムで遠くまでとばそう」という活動を通して、子どもたちの

創造的な活動が展開されたのです。
共通のことを友だちとやることで、友だちに学び、自分ももっと工夫してみようと意欲的、積極的になるのです。
共通のことをしているから、友だちの話を、どんな工夫したのかな？　どんなことを見つけたのかな？　と、目を向けて聞き取ろうとします。ほんとうの話したがり屋は、聞き上手な子でもあるのです。
子どもは、もともとやりたがり屋、知りたがり屋、話したがり屋になる素質を持っています。それを伸ばすような学習活動が大切です。それには、自然を見つける、原理やしくみや材質を考えたおもちゃづくり、植物や動物を育てるなどの学習内容を明確にした学習活動が重要になります。

## （2）知識を使って、働きかける子に

「アリがスズメのひなの死体にむらがっていた」「ハチの死体を運んでいた」「サクラの木にもアリがいた」などの発表がつづいたある日、ある子どもが、資料９のような発表をしました。いろいろなものを食べるアリのことを知って、アリを引きよせてみようと思ったのです。
この発表のあと、別の子どもがクモの巣にかかり食べられているアリを発見しました（資料 10）。この発表によって、アリが食べられてしまうこともあることを、クラスメイトたちは知りました。
秋になると、資料９のアリの実験をした子が、イナゴとカマキリをつかまえて、食べたり、食べられたりする様子を観察してきて発表してくれました（資料 11）。
生物は、栄養をとらなければ生きていけません。動物はえさをつかまえて食べる（捕食する）生物ですから、そういう事実をたくさん見つけさせたいと思います。
植物は、日光のよく当たるところに茎を伸ばして葉をひろげ、日光の働きで栄養物をつくって生きています。低学年でこれを見つけることは至難です。しかし、日光のよく当たるところに野草が繁茂することや、生長することは、低学年の子どもも気づくことができます。こうした関連する現象を見つけることをだいじにします。
植物にとって花は生殖器官で、受粉し、実・たねをつくって種族を維持する

**●資料９　「ありのたべもの」**

　きのう、そとに、ぼくが、おかしのかみをおいておいたら、ありのたいぐんがきていた。そのありのあとををつけていたら、ありのすがあった。そして､なにかあったからみたら､ありの食べものだった。むしのしたいだった。その食べものをひっぱってとったら、ありがおいかけてきた。そして、ぼくのあしに、ありがくっついていた（ひろやす）

**●資料 10　「くものす」**

　つつじのところに、くものすがあった。そして、ありが３びきひっかかっていて、くもがたべていた（ひろみつ）

**●資料 11　「いなごをかまきりがたべた」**

　おじいちゃんちのくさむらで、いなごをいっぱいとりました。それで、しにそうだったので、くさをいれてやったらむしゃむしゃたべました。こんどは、いなごをかまきりの中へいれたら、かまきりが、てをしゅっしゅっとやって、つかまえてたべてしまいました（ひろやす）

営みをしています。その花は、植物によって色･形やつくりが異なっています。いろいろな花を見つけること、花からたねができることをいくつもの植物で見るようにします。

　動物の繁殖については、ツバメやスズメなどのひなを見ること、カエルのたまごとオタマジャクシ、メダカやキンギョのたまごと子どもなどを見ることができます。ザリガニやバッタやカマキリなどのメスとオスを飼っていると、交尾や産卵などを見ることもできます。

　これらのことを見つけることを「生物の本質にせまる、個別の事実認識」としてだいじにします。磁石を使った｢鉄さがし｣(P.78 参照)､水の中で気泡になって見えることを使った「空気さがし」(P.157 参照) も、「ものの本質にせまる個別認識」といえます。

　これまでの生活科の学習活動について、教育課程審議会も「単に活動するだけにとどまっていて、自分と身近な社会や自然、人に関わる知的な気づきを深めることが十分でない状況が見られる」(教育課程審議会の「教育課程の基準の改善の基本方向について」〔中間まとめ〕1997 年 11 月 17 日）と述べています｡学習内容よりも学習方法にかたより､こういう傾向が見られるようになってきたのです。低学年なりに、知的好奇心の持てる学習が必要です。

## （3）たくみな手を持った子に

子どもたちのおもちゃも変わり、多くの子どもがテレビゲームや携帯型ゲーム機などを持っています。子どもたちは、指先を動かすだけだったり、コントローラーを振り回すだけのおもちゃで遊ぶことに夢中になっています。

時代の流れに沿って、学校に設置されたパソコンを使った学習も、行なわれるようになりました。しかし、小学校の子どもたちには、手を使った創造する活動をもっとだいじにしてもらいたいものです。

ヒトは、直立二足歩行する動物です。直立したために、前足が歩行するためではなく、ものを持つこと専用に進化し、手ができました。そして、手をたくみに使って、いろいろな道具をつくってきました。次々と新しいものをつくり出す活動は、脳の働きと結びついています。手と頭の結びついた活動が、コンピューターを発明するにまで至ったのです。

手を働かせるという人間らしい活動は、幼少のときから習慣的にさせておきたいものです。また生活科では、創造的なおもちゃづくりをさせることで、自分の頭に描いたものをつくり出す力を育てたいです。動くおもちゃをつくった子どもたちは、学校で得たおもちゃづくりの技をヒントに、放課後、仲間同士で新たな創作をして遊ぶこともありました。そうした仲間との遊びができるようにもしたいと思います。

## （4）自分が役に立つと思える子に

家庭では、子どもたちはそれぞれの家族の一員です。今の子どもたちは、それを実感しているでしょうか。いわゆる「だいじにされる」生活では、家族の一員になっているとは思えないでしょう。

家庭生活は家族のみんなで営まれますので、その一部分を自分がになっていると思えることがだいじでしょう。つまり、「自分は家族の役に立っている」と実感できることです。それには、家庭生活の役割を果たすことです。家の仕事（家事労働）の１つでも、自分の仕事として毎日行なうことで、自尊感情が生まれます。

テーブルふきは、低学年の子どもでもできるお手伝いの１つです。資料 12 を見てください。テーブルふきにも、やり方の工夫が見られます。なによりも、

**●資料12 「テーブルをふくかかり」**

わたしは、テーブルの上をかたづけて、ママにだいふきんをかしてもらって、テーブルをふきました。ぜんたいをふくようにたてよこ、たてよこってこうごに動かしてふきました。ふきんをしかくにおってふきました。

ふきおわると、テーブルがぴかぴかになりました。ごはんをたべました(りお)

[母親からの便り]

今日、家に帰ってきたら、ぼくお風呂洗いたいと言って、はじめて風呂そうじをしてくれました。クラスのお友だちがお風呂そうじをしていることを知って、自分もやりたいと思ったようです。ていねいに一生懸命に洗っていました。家の仕事をやろうという気持ちになっているのがとても嬉しいです。頼もしいですね。

ピカピカになったテーブルで家族そろって食事をする様子がうかがえます。ここにやってよかったというよろこびが感じられます。ほんの小さな仕事ですが、家族の役に立っているという実感も、持てているでしょう。子どもの母親からも、我が子の成長をよろこぶ手紙が届きました（資料12)。

この事例は、クラスで自分の仕事の報告会をやったり、子どものつづった記録を通信に載せたりしてきたことの成果でした。親たちも我が子の仕事ぶりや生活のしかたに頼もしさを感じ、見守ってくれました。

家庭は、社会の最小単位です。ここで社会の一員として育っていくことは、社会認識の基礎的なことだと思います。「わたしも、家族の役に立つんだ」と思える生活をさせたいと思います。

２年生になると、家の仕事は続けながら、さらに視野を広げて、学校で働く人たちに目を向けさせます。

学校には大勢の人たちが、それぞれの仕事をしていることを見ます。一人ひとりが、自分の役割を果たすことで、学校がつくられていることを知ります。

その結果、学級の仕事も考え、よく働く子たちが増えたそうです。また、家の近くで働いている人を見つめ、どんな仕事をどのようにしているかを興味深く見た子、お父さんの仕事についてたずねてどんな工夫やよろこびがあるかを知った子もでてきました。社会認識の一歩でしょう。

## （5）自分のとらえたこと、考えたことなどを伝えられる子に

最近は、低学年でも「イラつく」「ムカつく」子たちが多くなってきたと聞きます。ストレスがたまってきている生活によることもあるでしょうが、自分の思いが伝わらない、伝えられないということもあるでしょう。

自分のとらえたこと、考えたことを伝えられるようになるには、訓練が必要です。身近な自然の事物を題材に話をさせる「しぜんのたより」は、効果的なトレーニングになることでしょう。

子どもたちには、自分の見つけた事実を「……でした」「……だった」と具体的に書くように指導します。また、子どもたちが自らの発見をくわしく説明できるように、教師は質問や共感などの合いの手を入れて、子どもたちから言葉を引き出すサポートをします。例えば……

**子ども：花だんのところに、ダンゴムシがいたからつまんだら、だんだんからだを伸ばしたの。**

ダンゴムシはつまむとまるまるはず、そこで問いかけます。

**教　師：ダンゴムシを指でつまんだら、すぐからだを伸ばしたの？**

**子ども：つまんだときはまるまって、手にのせていたらからだを伸ばして歩きだしたの。**

**教　師：手の上でからだを伸ばして歩きだしたの、足があった？**

**子ども：細い小さな足をたくさん出して歩いたよ。**

これで、ダンゴムシをとらえたときのことがよくわかるようになりました。

わたしは、この後、もういちど話させました。

**教　師：おもしろいこと見たね。もういちど、はじめから話してごらん。**

**子ども：花だんのところにダンゴムシがいたからつまんだら、丸くなったの。手にのせていたら、だんだんからだを伸ばしてきた。そして、細い小さな足をたくさん出して歩いた。**

１年生の１学期は、文字を覚える学習ですから、無理に文につづらせることはしません。２学期になったら、書ける子から書かせるようにしています。話し言葉から書き言葉へと指導します。

資料 13A は、ある女の子が発表した内容です。これを、わたしが、文章に書き直し、資料 13B にして、『しぜんのほん』に載せました。こうすることで、文章に書くことを教えていきました。

●**資料 13A**

あのね、お使いに連れていってもらったらね。パン屋さんの二階にツバメの巣があったの。よく見たら、ツバメのお母さんがヒナにえさを運んで食べさせてね、いたの。そのとなりの家にも巣があったけどね。ツバメがいなかったのね。それはね、工事をしていてね。巣が落ちそうになったので、手でなおしてやったんだって。そしたらね。たまごをあたためていたのに、ツバメはどこかへ行っちゃって、帰ってこなかったって（えり）

●**資料 13B 「つばめのひなにえさをたべさせていた」**

おかあさんにおつかいにつれていってもらったら、ぱんやさんの２かいにつばめのすがありました。よくみたら、つばめのおかあさんが、ひなにえさをたべさせていました。

となりのいえにもすがあったのだけど、つばめがいませんでした。それはこうじをしていて、すがおちそうになったので、なおしてやったんだそうです。そしたら、たまごをあたためていたのに、つばめはどこかへとんでいって、かえってこなかったそうです。

なお、口頭発表から作文にしたときには、題をつけるようにします。題は、自分が一番言いたいことをつけるとよいでしょう。この場合、「つばめのす」でもよいのですが、「つばめのひなにえさをたべさせていた」「いなくなったつばめのす」などのほうが、言いたいことがはっきりしてよいと思います。

次の段階として、見つけた自然を自分で文章にさせています。例えば、１年生を担任しているなら、２年生のおわりまでに、全員が自分のとらえたこと、考えたことなどを、人に伝えられるように、自分の言葉で書けるようにしたいとプランづくりをします。

そして、生活科だけでなく、いろいろな場面で、できるだけ多く書く機会を持つように心がけました。もちろん、文字や文の組み立てなどは、国語の時間に教えますが、文をつづることは、いろいろな場面で取り上げるのがよいと思います。

自然をつづるときには、絵も描かせるようにします。何をしているところか、どうなっているところかなどを絵に描くのです。子どもは、自分が一番描きたいことを表現するので、絵を見ても、その子がとらえたことをうかがい知ることができます。

自分のとらえたことや思いを、語ったり、文章に書いたりすることは、自分から働きかけ、自ら考え、判断する力を身につけ、主体的に、意欲的に学ぶ子を育てることになります。一方、よく聞いて応答するなかまがいるので発表する子もうれしくなり、はりきります。

なんでも言えて、応答し合える、コミュニケーションのある学級づくりにも、「しぜんのたより」は役立ちます。

## （6）仲間との関わりがたのしくなる子に

３つの間（仲間、時間、空間）が失われてきていると言われるようになって久しいのですが、その傾向はますます大きくなり、他人と関わることがうまくできない子が目につくようになってきています。

子どもたちの問題行動が目についたり、青少年の事件が起きたりすると、すぐに「心の教育を」という声が聞かれます。「他人と協調したり、思いやったりする心」などを教えるというのです。しかし、徳目的に教えても、特に低学年では身につきません。仲間との関わり合いの中で、体験的に学び取るようにすることが大切です。

学校は一緒に学ぶ仲間がいるところで、仲間と学び合いながら育っていく場所です。「個性尊重」や「自ら学び、自ら考える」などが強調され、「一人ひとりの思いや気づきがだいじだ」と、一人ひとりの思いのままに行動させる教育が行われていますが、今こそ、みんなで学び合うことが重要です。少子化し、個別化される傾向にある子どもたちを、学校でも個別化してしまってよいでしょうか。

例えば、１年生の４月の下旬、みんなで障子紙を使ったこいのぼりづくりをしました。全長４ｍにもなるこいのぼりは、子どもたちが思い思いにうろこを描いて貼ってつくり上げる、小学校に入学してはじめての共同製作です。みんなでつくることのたのしさを味わいました。学校は、みんなで学ぶところだということを早い時期から体験させようと考えてした実践です。

ものをつくる活動は、１つのことに夢中にさせ、友だちに学んだり、工夫することが多く、みんなで学習していることのたのしさ、すてきさを味わうのに適しています。

また、長方形に細長く切った紙を、横にして落とすと、くるくる回る「紙がくるくる」（P.88 参照）をたのしんでいると、「三角に切ると、細いほうが下に

図1

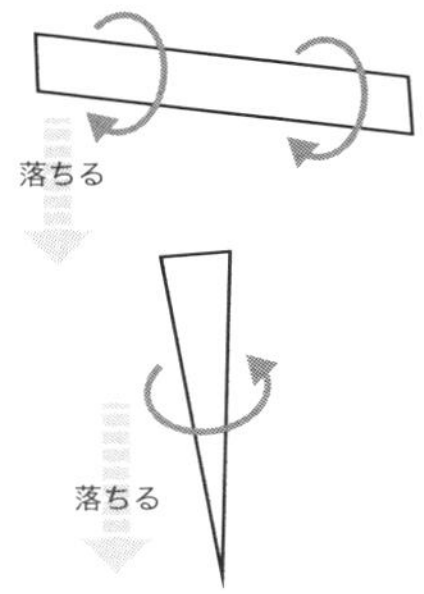


図2

図3

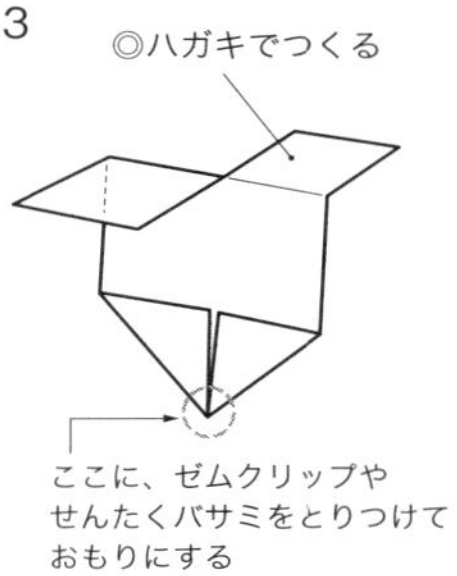


向いて落ちるよ」という発見がありました（図１）。

　すると、長方形の細長い紙を縦にして落としてもくるくる回るかなと、やってみる子が出てきて、下を少しななめに上向きに折り曲げると、回転しながら落下するのを発見した子におどろき、みんながまねをしました（図２）。

　そこで、もっとよく回るものをと羽根をつくって「かみコプターだ」（図３）と遊んでいると、これを投げてとばす子が出てきました。

　それでは、回転しながらとぶものをというので、「竹とんぼ」をまねた紙とんぼづくりとなりました。一人ひとりが思いついたおもちゃを勝手につくらせるのではなくて、例えば、この例のように、１つのことをみんなでやってみることで、友だちと学び合いながら学習が発展していくようにすることがだいじです。こうしたことを意図的、計画的に行なうのが学校でしょう。一人ひとりが、思い思いにやるのも、１つの課題に取り組むなかでの活動としたいと思います。

　「しぜんのたより」も、秋になると、会話がはずみ、みんなで知恵を出し合って考えます。

**子どもＡ：きのう　あおむしがいたところにいったらね。４匹いたのがね、２匹“蒸発”しちゃったの。**

**教　　師：“蒸発”ってどういうことですか。**

**子どもＡ：いなくなっちゃったの。きえちゃったの。**

**子どもＢ：チョウになったんじゃないの？**

**子どもＡ：なっていないよ。チョウになったとしたら、そのまえに、さなぎになるよ。**

**子どもＣ：ぬけがらがあるはずだもんね。**

**子どもＤ：どこかへいったんじゃないの？**

子どもＡ：そんなことないよ。前の日に、葉っぱをパクパク食べていたもん。

子どもＥ：どこにいたの？

子どもＡ：ミカンの木。

ミカンの木の葉を食べていた幼虫ですから、アゲハの幼虫でしょう。たぶん、鳥に食べられたか、サナギになるために、他の所に移っていったかのどちらかでしょうが、子どもたちにとっては不思議なことでした。

冬には、女の子がまさつ電気のことを発表しました。

子どもＡ：けしゴムのくずをあつめて、下敷きを机でこすって、けしゴムのくずの上にのせたら、けしゴムのくずが、下敷きにとびつきました。

子どもたちは、さっそく下敷きをさまざまなものにこすりつけ、発見したことを思い思いに発表し合いました。

・机でこすると、下敷きが机にくっついて、とれにくかった。
・けしゴムのくずが縦にくっついても落ちなかった。
・下敷きがじしゃくで、けしゴムのくずが、さてつみたいだ。
・下敷きをけしゴムでこすると、机でこすったときより、けしゴムのくずがよくとびついた。
・下敷きをビニールのジャンパーでこすったら、けしゴムのくずがくっつかなかった。
・下敷きを、毛糸のセーターでこすったら、くっついた。
・ふでばこをこすっても、けしゴムのくずがとびついた。
・下敷きをかみの毛にこすりつけて、上にあげたら、毛が立った。
・毛がひっぱられるようだ。
・チキチキ、音がした。

見つけたことを共有化できるとき、子どもたちは満ちたりた気持ちになり、心豊かになります。このような、学習集団が存在するのが学校だと思います。この中で、仲間と関わり合うたのしさを体験して、教え合い、助け合い、協調し合う子どもたちが育っていきます。

## （７）五感がよく働く子に

五感とは、目、耳、鼻、舌と皮ふの５つの感覚、つまり視覚、聴覚、嗅覚、味覚と触覚のことです。わたしたちが、外界から情報を受け取る器官です。この情報によって考え、判断し、行動するのですから、人間の感覚の総称で「五感をするどくする」という言葉があるように、五感がよく働くことは、大切なことです。そのことは、天文学・宇宙物理学者の池内了氏と、脳神経科学者の黒田洋一郎氏の対談で次のように語られていました。

**池内「一番はじめの科学の楽しさというところへ戻るとするなら、僕はコンピューターを使うことで、絵とかアニメーションとかを多用した、新しい博物学が可能になるんじゃないかと思います。いろいろな分野で分かっている最先端のことが、パッと画面からきれいにでてきてね、いろんなことが具体的に見られる。それによって直観的に分かる。そういう新しいタイプの博物学を意識的につくり出すことが試みられてもいいんじゃないか」**
**黒田「コンピューターでシュミレーションというのは、次善の手段としては仕方ない。宇宙を見せろといっても見えないから、銀河と銀河がぶつかったらどうなるかというのはそれで見せたほうがよいと思います。けれども、コンピューターというのは五感から離れている。視覚だけですから、やっぱり脳の情報の処理の仕方からいっても、まずい。コンピューターは臭(にお)いませんし、相手が自発的に動かないし、ほんとうの意味のフィードバックはないし。そうすると人間が本来持っていた感覚とその統合に基づく能力が、だんだん鈍ってしまうことになるんじゃないかと思うんです」**
**（「対談・科学をこの手に取り戻すために」『本の話』文藝春秋 1998 年 1 月号）**

池内氏の言うように、コンピューターを使えば、いろいろなものを組み合わせたりして、新しいものをつくり出せるでしょう。しかし、コンピューターが必要なときに使えばよいのであって、すでに始まっている慣れさせるためのコンピューター学習は必要ないと思います。
ある詩の授業で、コンピューターを使って見つけ、ダウンロードしたタンポポの画像や絵を見せ、詩を書くように指導していたと聞きました。自然の中の生きているタンポポを見て詩をつくることが大切なのに、コンピューターも覚えさせなくては、ということから、このような授業を行なうことになってしまったのです。黒田氏が述べているように、五感を使うことは、人間が本来持っている脳の情報処理の能力をするどくすることになります。
大脳生理学者の大島清氏は、次のように語っています。

「脳は、誕生後の一年間で一番発達する。誕生時にたった四百グラムしかなかった脳が、一歳時には八百グラムになる。神経回路網が出来上がっていくわけで、その過程が一番激しいのがゼロ歳時なのだ。だから赤ちゃんは、ふれるばかりでなく、遊ばせ、自然に浸らせることが大切だ。さらに、三、四歳くらいまでは見様見まねの模倣で脳の神経回路がつくられる。四歳以上になると、模倣を元に自我が出来る。この時期に創造するよろこびを味わう遊びを体験できるか否かは、人間性育みの大きなカギだ。

読み書きそろばんの勉強も大事だが、物差しで測れないような生きものの温かみや、におい、触覚、味覚などがソフトウエアになるような遊びが、日常生活で行われているだろうか。非常に気になる」(『読売新聞』1998年2月15日)

低学年教育において、自然と関わり合う学習の大切さを語っていると思います。幼少期から五感のよく働く子どもに育てたいと思います。それには自然との関わりを多くすることでしょう。

## (8) 健康なからだの子に

何をするにも、健康であることが第一です。健康なからだにするためには、リズムある生活をして、睡眠をよくとること、バランスのよい食事をきちんととること、友だちと外で遊ぶことがだいじです。

よく、基本的生活習慣が大切だといいますが、その中身はなんでしょうか。わたしは、快食、快眠、快便、そして、快遊だと思います。これを「4つの快」といっています。

最近は、朝食をとらないで、登校してくる子が増えています。朝食をとらないと血糖値が上がりませんから脳の働きがにぶくなります。ですから、学校にきても学習が進みません。そればかりか、空腹になりイライラしてきて、心が落ち着かなくなったり、友だちに偶発的に暴力をふるったりすることが起きます。

三度の食事をきちんととる習慣ができていると、食事がおいしくないときは、体調が悪いとわかります。快食でなければ、快便にもならないでしょう。便秘がちな子は、毎日、排便する習慣をつけるようにしたほうがよいでしょう。

最近は、夜型の子が増え、睡眠不足で登校してくる子、朝から生あくびがでる子がいます。テレビやゲームをして夜おそくまで起きているか、塾通いによるかでしょうが、早寝早起きをするようにしたいものです。

快遊は、快く遊ぶ、つまり、友だちと外で走り回って遊ぶことです。よく遊べば、からだは、快く疲労し、夜、ぐっすりとねむれます。朝も早く起きることができ、朝食もおいしく食べられるでしょう。快遊があれば、快眠、快食ができるようになるでしょう。

快遊、快食、快眠、快便などは、基本的には、家庭生活の問題です。子どもたちの放課後の生活を、家の人たちが考えてやらなくては、健康な子どもに育ちません。

しかし、それだけでなく、子どもたち自身にも、自分のからだのことを知って、自分でも健康にしようとするようになってほしいと思います。そこで、わたしたちは、生活科で、人のからだの学習を取り上げることにしています。1年生では、食事をとること、排便、排尿の必要性に気づかせるために「食べものの通り道」(P.114 参照)という学習をするようにしています。

■カマキリ　(ひろやす)

## 3 子どもたちの生活に自然を

いきいきとした自然と関わって生活することは、心豊かな人間に成長するためには欠かせないことだと思います。それなのに、都市化が進み、子どもたちの生活の場から緑豊かな、遊び場となる自然がうばわれてきました。公園が造られても、小学生以上の子どものたのしい遊び場にはなっていません。川や池があっても、入ることが禁止されていたり、木のぼりできる木々もありません。雑草は、なめるようにかりとられ、草花や虫と遊ぶこともできません。

周囲に緑豊かな野山や川などがあっても、そこで遊んでいる子がいません。そこでの遊びを禁止している学校すらあるようで、こうした地域での遊びも、テレビやファミコンなどの室内での１人遊びになっているのです。

詩人の新川和江氏は、子どもたちに、なまの自然を「手づかみ」にするよろこびを味わわせたいと、次のように述べています。

**「私は、詩を書く時、ことに題材がモノである時、頭で考えるモノではなく、実際に目に見え、手でつかめるモノとして作中に現出させたい、というつよい願望を持っています。出来ることなら、二本足で大地にはじめてすっくと立ったわたしたちの遠い祖先が、最初にそれを手にした時の驚きとよろこびを、今を生きるわたしたちの指に、てのひらに、蘇らせたい。**

**これは、詩の表現の問題ですが、しかしそれだけにとどまらず、私は、生活のなかで子どもたちにも、この〈手づかみ〉というプリミティブな体のよろこびを味わわせてあげたいと願っています。サワルナ、サワルナ、が多過ぎるのでは？　さわっていけないのは、塗りたてのペンキか、燃えさかっている火くらいなもの。それだって、さわってはじめて、さわっては何故いけないかを、知るわけですものね。**

**土にも、水にも、木の幹にも、草の葉っぱにも、鳥にも、魚にも、だんご虫にも、蛙にも、さわってみたほうがいい。手づかみにしてみて、はじめてそれがわかり、自分がわかり、それらとのすこやかな共生感覚も生まれるというものでは**

**ないでしょうか」（『母のひろば』404号、童心社、「手づかみということ」より）**

生きている自然にふれる（〈手づかみ〉にする）ことは、子どもたちに「生きる力」を持たせるために、重要であると思います。生きている自然との関わりの中で、感性豊かな子どもが育っていきます。

そのため、生活科では、自然に働きかけ、自然を知る活動をだいじにしていきたいと思います。子どもたちの生活に自然を取りもどし、自然との関わりの中で、望ましい交友関係も培われるようにしていきたいと思います。

コンクリートで囲まれた都会には、ささやかな自然しかありませんが、そこでも生物たちの生命の営みが見られます。ふだん見すごしがちな自然に目を向けさせ、ふれさせ、なまの自然を実感させるようにしたいと思います。

生活科を、自然と関わった学習を重視した教科にしたいと思います。

■コブシの木の芽　（としこ）

# 第2章 年間指導計画

## 1 生活科でだいじにしたい内容

３年生の担任になった方から、

「生活科で育った子どもたちに、基礎的な力がついてないなぁ、と感じます。３年生の理科の内容が過密になったというのに、観察することやものをつくることを１から教えていかねばならないので、大変です」

といった言葉をよく聞きます。

どうしてそうなってしまったのでしょうか？

低学年担任の先生方からは、「生活科は遊び方を教えればいいのでしょう？」とか、「子どものやりたいことをやらせればいいのでしょう？」といった声をよく聞きます。

実はそれが、「基礎的な力がついていない３年生」を生み出しているのではないでしょうか。教科としての「ねらい」も持たず、子どもの思いにまかせっきりでは、この時期につけるべき力もつけられず、育てるべき能力も育つじまいになってしまうのはあたりまえでしょう。

「生活科は、今までの理科や社会と同じではいけない」という人がいますが、そうではないと思います。低学年でどんな力をつけるのか、という視点で、教育の内容を考えていかねばならないと思います。

今までの低学年教育の実践の成果に学んで、大事なことを見極め、しっかりと指導計画を立てていくことが必要だと思います。

子どもは、本来自然が大好きです。虫を見つければ採ろうとするし、花が咲いていればつみとって遊びます。花壇を耕していて、土の中から虫が出てくると、それをさがすのに夢中になってしまっていつまでたっても終わらない、などということはしょっちゅうです。そうやって遊ぶなかで、生物の生きていく姿を知ったり、道具をつくったり使ったりする知恵を身につけたり、友だちとのコミュニケーションの取り方を学んだりしていきます。

自然の中で、仲間と生活することで、豊かな感性や理性が育っていくのです。低学年では、このような自然に関わる活動をたくさん体験させたいと思います。それが、３年生以上の学習の土台となるからです。

生活科では、次の６つを柱にしたいと思います。

### （1）しぜんのたより

毎日、子どもたちが見つけた自然を教室で発表させるようにします。道端で見つけた花、花壇で見つけた虫などを、実物を持ってこさせて、どんなだったか、どうしていたか、を発表させるようにします。

はじめはなかなか話すことができませんから、教師が質問しながら、どんなだったか、わかるようにしていきます。子どもたちにも質問させたり、つけたしたり、教えたりするようにして、子どもたちの会話を多くするようにし、子どもたちのコミュニケーションのある学級づくりをします。一人ひとりの見つけた自然の事実がみんなのものになるようにします。

「しぜんのたより」では、次の４つのことをめざしています。

**①自然の本質（例えば、生物では、食べる・増える・育つ）にせまれるような個々の事実を五感を働かせてとらえる力を育てる。**

**②自分から自然に働きかける力を育てる（採る・育てる・つくる）。**

**③見つけた事実を話し、つづる力を育てる。**

**④ひとりの発見をみんなで聞き、話し合うことで、共有できるようにする。**

この単元で扱う「自然」とは、生物だけでなく、物質をも含めた、広い意味での自然です。ですから、ものをつくる活動のように、ものに働きかけることも含めて考えています。具体的には、次のようにして、実践していきました。

**①１時間目を「しぜんのたより」の時間にして、毎日続ける。**

**②はじめは、具体物を教室に持ってきて、話すことからはじめる。どこで何をしていたか、どこでどのようになっていたか、などがわかるように、質問をして、付け加えさせていく。**

**③発表したことや質問などは、すべて記録し、学級通信にして毎日配布する。**

**④「しぜんのたよりノート」を持たせ、慣れてきたら、絵や文で記録させていく。**

**⑤「花さがし」「たねさがし」など、全員で見つける機会を月に１回くらいはつくり、自分から発表しない子も、できるようにする。**

**⑥発表した内容で、全員にとらえさせたい内容は、生活科の授業で取り上げるようにしたり、授業でやったことを「しぜんのたより」で発展させたりして、授業との関連を図る。**

ナズナのからだ調べ、カタツムリやオタマジャクシの観察などの授業は、取り上げる内容は、あらかじめ計画しておき、子どもたちが発見してくるタイミングに合わせて、授業を実施します。

## （2）ものさがし

かつて、低学年にあった、「磁石」や「空気」の学習が、どれも３年生に詰め込まれました。このような「もの」を対象とした内容は、意図的に組まなければ「しぜんのたより」にもまず出てきません。

「磁石」を鉄さがしの道具として使い、身の回りのものに働きかけたり、見えない「空気」を、体感でとらえたり、泡にして見たりする学習は、子どもたちがさぐる「自然」を広げます。そしてそれだけでなく、中学年、高学年での学習の下地ともなります。

そこで、「鉄さがし」と「空気さがし」の学習を授業として組むことにしました。

## （3）ものづくり

年々、子どもたちの手が不器用になってきている、と感じます。今の子どもたちの生活の中には、「手づくりおもちゃで遊ぶ」「みんなで工夫し合いながらものづくりをする」というようなことがなくなっています。それが１つの原因になっているのでしょう。

生活科の授業としての「ものづくり」は、「動くおもちゃづくり」を紹介しました。みんなで同じ動くおもちゃをつくると、友だちの工夫に学んだり、一緒に遊ぶ中で動くしくみや原理を体験的にとらえていったりします。それをつくるために必要な、道具の使い方や技術を確実に身につけることもできます。

そこで、次の３つのねらいをもって、学期に１回は必ず「動くおもちゃづくり」の授業を取り組むようにしました。

**①動くおもちゃづくりを通して、しくみや原理・材料の性質などを体験的にとらえる。**
**②つくり、動かし、つくりかえる楽しさを知る。**
**③自分が頭に描いたものをつくり上げる手のたくみさを育てる。**



ねらいを達成するために、教材は次のことに留意して選ぶようにします。

- **すべての子どもがつくれるもの。**
- **身近な材料でできるもの。**
- **つくりかえができるもの。**
- **発展的な活動が可能なもの。**

## （4）自分のからだを知る

自分が生きていくため、成長していくためのからだの基本的なしくみを知ることは、自分も生物として生き、成長しているという事実に目を向けさせ、一番身近な「自分」という自然をとらえさせることになると思います。

そこで、「生物としての自分のからだのしくみを知り、健康なからだをつくれるようにする」という視点で、低学年の「からだの学習」を組むことにしました。

１年生では、「食べものの通り道」という単元を設定し、生き・成長するために食物を食べること、からだの中には食物の通り道があって、栄養をとり、最後はうんちとなって出ていくことを教えることにしました。

## （5）飼う・育てる

「虫さがし」の授業や、子どもたちが「しぜんのたより」で見つけて持ってきた虫は、教室で飼うことにします。

飼育することで、えさの食べ方、うんちすること、交尾や産卵、死などを見ることができます。教科書では「採ってきて見たらすぐもとのところへかえそう」と書かれていることがありますが、それでは、生きもののことがよくわかりません。よくわかるとだいじにします。長生きさせようと飼っているので、死がとても悲しくなります。こうした経験が大切です。

植物もとってきたら水にさしましょう。しなびていた野草もたちまち元気になり、生長もします。花も咲かせます。

また、野菜をつくって収穫し、食べることもたのしみたいと思います。栽培では、土づくりや世話が必要です。手間をかけないとよく育たず、収穫が悪いので、手をかけた世話も体験させるようにします。食べるものは、たくさん収穫することを、花をたのしむものではきれいな花、大きな花などを咲かせることを目的として栽培します。そして、生長に特徴のあるものは、観察もするようにします。

## （6）働く

社会認識の基礎になる学習にどのようなものがあるでしょう。社会に関わった学習は低学年にはむずかしいので、自然とも関わって、空間認識を取り上げようと考えました。

自分のいる場所の表現から周りの広がりとものの位置などをとらえる学習です。それを広げて、自分の家から学校までを意識的に把握すること、学区域にある公園、郵便局、病院などのある場所などを理解することも考えられます。

もう１つは「働く」ということです。昔の子は家の仕事の人手としてあてにされていました。今の子どもたちにはそれがありません。お客さまのようにだいじにされているのではないでしょうか。家事労働をすることで、子どもは働くことの意義、仕事のしかたを知ることになります。何よりも、かけがえのない家族の一員となるのです。

１年生になったことをきっかけに、家事労働を知り、その一端をになうような生活をさせたいと思います。家族に頼りにされることは、子どもにとってもよろこびでしょう。

２年生になったら「学校で働く人」をとり上げます。自分たちが学んでいる学校は多くの人によってつくられていること、それぞれの人にしている仕事があることを知るようにします。これで社会を見る視野が１つ広がるでしょう。

■ヒマワリ　（かずひこ）

# 2 1学年の年間計画

## （1）自然への働きかけを広げ、深める計画

年間を通して「しぜんのたより」に取り組みます。子どもたちが日常的に自然にふれる活動を大切にしたいからです。それと関わって、意図的、計画的に授業を行ない、「しぜんのたより」が広がり、深まるようにします。

「しぜんのたより」が広がり、深まる学習が学期に１回は入るよう、年間計画をつくりました。各学習で、「しぜんのたより」とどうつなげるかは、各学習のねらいを参照してください。

## （2）「ものづくり」活動を学期に１回行なう

「ものづくり」は「動くおもちゃづくり」を中心にします。みんなで同じ「動くおもちゃ」をつくり、一緒に遊ぶなかで動くしくみや原理を体験的にとらえていきます。例えば「こまづくり」では、軸を垂直に固定することを、「風で動くおもちゃ」では、風を受ける羽根のしくみをつくり、つくりかえる活動をしながらとらえさせます。しくみや原理をとらえることで、思いつきでなく、それらを使った工夫をする子どもが出てきます。また、この活動では作品を見せ合うことで、学びが広がり、深まります。それをつくるために必要な道具の使い方や技術を確実に身につけることもできます。

そこで、３つのねらいを立てて、学期に１回は必ず「動くおもちゃづくり」に取り組むようにしました。

**①動くおもちゃづくりを通して、しくみや原理・材料の性質などを体験的にとらえる。**

**②つくり、動かし、つくりかえる楽しさを知る。**

**③自分が頭に描いたものをつくり上げる手のたくみさを育てる。**

このねらいを達成するために、「すべての子がつくれるもの」「つくりかえができるもの」「発展的な活動が可能なもの」を年間計画に入れました。

## （3）みんなが話し、書きつづれるように —— 書くことは認識すること

「しぜんのたより」では、見つけたことを絵と文にし、発表をします。発表では、質問を受けたり、話し合ったりすることで、自分がはじめに話したり書いたりしていなかった部分を掘り起こし、認識させ、見つけたことの文がより豊かになるようにします。

1年生では年間通して「話すこと」を中心にしますが、2学期以降は、授業の最後に「やったこと」を文章に書かせます。「書くことは認識すること」です。ある時、1年生の子どもから、

「先生、今日の授業はたのしかったけど、驚きがあんまりなかったから文が書けない」と言われました。何を獲得させたいのか、各時間のねらいが何なのかがはっきりしていないと、書くことはできないのです。

認識させたい内容に当たることが、授業のねらいです。例えば、こまづくりの授業では、「おもりをつけるとよく回る」というねらいを具体的に提示し、子どもたちに認識されていれば、「楽しかったけど、驚きがない」などということはなく、「おもりをつけると、よく回るんだ！」という驚き、発見がある授業になります。

各単元の学習が、前の授業と関連し合い、一連のストーリーになるように授業を展開させます。前の時間との関わりに気づくと、授業の最後に書く文章がより豊かになります。

## （4）他教科とのつながり

低学年の子どもにとって「遊ぶ」ことは、学びに関わる大切な時間です。十分に時間を確保し、五感を使って学ばせていきたいと思います。また、話をしたり、書いたりするにも、はじめは時間がかかりますので、生活科だけでなく、週9時間の国語などを使い、合科的に授業を行ないたいと思います。

例えば、11月に行なった「鉄さがし」では、生活科と国語で授業をしました。生活科の時間に磁石を使ってものに働きかけ、鉄を見つける活動を十分にさせました。そして、「やったこと」は国語科の「見せたいな、知らせたいな」の単元を使って書かせました。書く時間を十分にとることで、みんなが書きたいことをしっかりと書くことができました。

## （5）行事との関連を考える ——獲得した知識や技術を使う場面に

２学期の後半に、わたしの学校では「秋フェスタ」として「保育園や幼稚園の子どもを招いて、お祭りをする」という行事があります。それまでに学習した「紙くるくる」「色水づくり」「たねさがし」「こまづくり」に関わる内容を「お店」として出しました。

こまをつくらせるお店では、うまく回せない保育園の子に「真ん中に穴が開いてないからだ」「粘土をもっとつけよう」など、「学習した知識を使って」アドバイスをし、よく回るようにしていました。こうした活動は、学んだことを使う場面です。行事との関係も考えて年間計画を立てました。

＊この年間計画は１つの例です。教科書や行事との関連を考えて、各学校で年間計画を立ててください。
＊参考にした教科書：生活科……啓林館、国語……光村図書、算数……東京書籍

### ◎年間計画案の見方、使い方

この年間計画は１つの例です。教科書や行事との関連を考えて、各学校で年間計画を立ててください。

＜参考にした教科書＞

- ●生活科……………啓林館
- ●国語………………光村図書
- ●算数………………東京書籍

## （6） 1学年の年間計画案

ある学校の試みです。年間計画を立てる際の参考にしてください。

| | ●指導計画（時間数） | 【関連の単元、教科、行事】 |
|---|---|---|
| 4月 | ●しぜんのたより（年間通して）<br>＜考えられる学習内容＞<br>・生物は食べる、育つ、増えるなどの生きている様子<br>①［サクラ］の花から、［サクラ］の実（たね）、［ナズナ］の花から、［ナズナ］の実（たね）<br>＊［ ］内は、さまざまな生きものが入ります。<br>②花にはいろいろな虫がくる<br>③タンポポのたねから、タンポポの芽が育つ<br>④虫は食べて育つ<br>⑤カマキリやバッタなどは、たまごをうみ、ネコは子をうむ<br>・太陽が沈むときに夕焼け、夜に星が見える<br>・いろいろな形や色の石がある<br>・大雨、大雪、大風などの日がある | 【関連単元】<br>・花さがし（4月）<br>・アサガオを育てる（5～9月）<br>・ハツカダイコン（6月）<br>・食べものの通り道（6月）<br>・虫さがし（7月、9月）<br>・草木染め（9月）<br>・たねさがし（11月）<br>・冬芽さがし（2月）<br>【生活科教科書】<br>・ぐんぐんのびろ<br>・いちねんせいになったよ「がっこうには なにがあるかな」<br>・げんきに育て<br>・あきって きもちが いいね<br>・わくわく ふゆが やってきた<br>【国語教科書】<br>・ふたりでおはなし<br>・わけをはなそう<br>・こんないしを見つけたよ<br>・は・を・へをつかおう<br>・かけるようになった<br>・おはなしきいて<br>・みいつけた<br>・しらせたいなみせたいな<br>【算数教科書】<br>・10より大きい数（アサガオの種の数調べ） |
| | ●花さがし（3時間）<br>（1）校内の花さがし（2時間）<br>（2）チューリップのからだ調べ<br>・花の中には「おしべ」と「めしべ」がある（1時間） | ＜しぜんのたより＞<br>・花から実へ<br>・花の中にはおしべやめしべがある<br>・花にはいろいろな虫がくる<br>【生活科教科書】<br>・いちねんせいになったよ「がっこうには なにがあるのかな」 |

| | | |
|---|---|---|
| 4月 | ●こいのぼりをつくろう（4時間）<br>（1）大きなこいのぼりをつくる（3時間）<br>（2）こいのぼりをあげる（1時間） | 子どもの日 |
| 5月 | ●アサガオを育てよう（計12時間）<br>（1）たねまき（5月ゴールデンウィーク明け）<br>（2）ふたばしらべ（5月下旬）<br>（3）ほんばしらべ（6月）<br>（4）はなしらべ（9月夏休み明け）<br>（5）たねとり（9月上旬～中旬） | ＜しぜんのたより＞<br>・自然に自ら働きかける「継続観察」<br>【生活科教科書】<br>・ぐんぐんのびろ<br>【算数教科書】<br>・10より大きい数（7月）<br>＊算数の教科書では20までとなっているが、ここで十進構造を教えておくと、99まで数えることができる。9月に入って算数と関わらせて「たね数え」ができる。 |
| 5～6月 | ●紙くるくる（5時間）<br>（1）紙がくるくる<br>①長方形の紙を横にして落とす（1時間）<br>②縦に落としても回る形にする（1時間）<br>（2）紙コプターをつくろう（1時間）<br>（3）紙トンボをつくろう（2時間） | 【生活教科書】<br>なにをしてあそぼうかな |
| 6月 | ●ハツカダイコン（2時間）<br>①たねとたねまき<br>②発芽の様子<br>③間引き<br>④ハツカダイコンのカブの収穫<br>⑤ハツカダイコンの花とたね | ＜しぜんのたより＞<br>・自然への働きかけ「継続観察」「葉や根を食べる」<br>【生活科教科書】<br>・ぐんぐんのびろ |
| | ●わたしのからだ（食べものの通り道）（7時間）<br>①成長してきたことをみる（2時間）<br>②口の中を見る（1時間）<br>③歯の働きを確かめる（1時間）<br>④食べものの通り道を知る（2時間）<br>⑤おしっこはどんなものか知る（1時間） | ＜しぜんのたより＞<br>・自分のからだへの働きかけ。人のからだについての「しぜんのたより」が出るようにする。<br>【行事】<br>歯の衛生週間（6月）<br>発育測定 |
| 7月 | ●虫さがし<br>①広場や学校の周りで、虫さがしをする<br>②見つけた小動物を飼う | ＜しぜんのたより＞<br>・食べる、育つを観察する<br>【生活科教科書】<br>・がっこうのまわりを　よくみてあるこう<br>・なつがきたよ |

| | | |
|---|---|---|
| 7月 | ●家の仕事１（４時間）<br>①家の仕事調べ（１時間）<br>②家の人がしている仕事の内容や手順（２時間）<br>③自分の仕事を決めて行なう（１時間） | 【生活科教科書】<br>・みんなみんなだいすきだよ<br>＊夏休み前に、保護者会で休み中の「家の仕事」の課題について説明し、理解を図る |
| | ●シャボン玉（３時間）<br>①シャボン玉のできるせっけん水づくり（１時間）<br>②シャボン玉遊び（１時間）<br>③大きなシャボン玉づくり（１時間） | |
| 9月 | ●虫さがし（３時間）<br>①カマキリやバッタ、コオロギなどを見つける（２時間）<br>②カマキリやバッタやコオロギなどを飼う（１時間） | ＜しぜんのたより＞<br>・虫は動き回り、食べ、育ち、増える<br>・家のまわりで見つけた虫<br>【生活科教科書】<br>・げんきに育て |
| | ●色水をつくろう（５時間）<br>（１）こすりつけて、花や葉の色で絵を描く（１時間）<br>（２）色水づくり（４時間）<br>①葉や花の色を水にとかしとる（１時間）<br>②ヨウシュヤマゴボウやブドウの実の色水をつくり、和紙を染める（１時間）<br>（３）水で煮立てて、色水をつくる（２時間）<br>・お茶、赤ジソジュースをつくる | ＜しぜんのたより＞<br>・こすりつけたり、たたきつけたりすると、色がもらえる<br>・色水をつくる<br>・身の回りにあるもの（野菜、くだもの、野草や木など）から色をもらい、紙を染める（家庭学習）<br>【図工科教科書】<br>（関連させて、以下のようなものもつくれる）<br>・はっぱのへんしん（11月）<br>・和つづじのノートつくり |
| 10月 | ●こまづくり（６時間）<br>（１）紙ごま（１時間）<br>（２）円ばんごま（計３時間）<br>・紙コンパスを使い、丸いこまをつくる（１時間）<br>・紙コンパスを使い、自由な大きさのこまをつくる（２時間）<br>・軸を固定するとよく回る（２時間）<br>（３）紙皿ごま（１時間）<br>（４）ペットボトルのキャップごま（１時間）<br>（５）いろいろなこま（家庭学習）<br>・身の回りのいろいろなものでこまをつくる | 【行事】<br>・秋フェスタ（お祭り的行事でさまざまなこまを出品する）<br>【生活科教科書】<br>・あきって、きもちがいいね<br>＊自作のこまを発表し、「こま大会」を行なう |

| | | |
|---|---|---|
| 11月 | ●かくれた鉄さがし（7時間）<br>①磁石につくものと、つかないもの（1時間）<br>②磁石にくっつくものは鉄（1時間）<br>③鉄製の缶などは塗料があっても磁石にくっつく（1時間）<br>④磁石を使って鉄さがしをする（1時間）<br>＊間にものがあっても引きつけるから、塗装などで隠れていても磁石でわかる。<br>⑤すいそうに落としたクリップを磁石で拾う（1時間）<br>⑥磁石を使ったおもちゃをつくって遊ぶ(1時間) | ＜しぜんのたより＞<br>・磁石を使って、鉄をさがす<br>【国語科教科書】<br>・しらせたいな・見せたいな |
| | ●たねさがし（2時間）<br>（1）校庭や緑地に行って、たねを見つける<br>＊見つけたたねを、標本にする<br>（2）たねコレクション<br>＊見つけたたね集め（各自）<br>＜しぜんのたより＞<br>・果物には、たねが入っている<br>・草や木にもたねができる | 【生活科教科書】<br>・あきってきもちがいいね |
| 12月 | ●家の仕事2（2時間）<br>①自分の仕事でやったことを書く（1時間）<br>②各自の家事労働の内容や工夫（1時間） | 【生活科教科書】<br>・みんなみんなだいすきだよ |
| 1月 | ●風で動くおもちゃ（7時間）<br>（1）たこあげをしよう（1時間）<br>（2）風で動く舟をつくろう（1時間）<br>（3）正方形の風車をつくろう（1時間）<br>（4）長方形の風車をつくろう（1時間）<br>（5）紙コップの風車をつくろう（1時間）<br>（6）わたしの風で動くおもちゃ（2時間） | 【生活科教科書】<br>・むかしからの遊びに挑戦 |
| 1月 | ●冬芽さがし（2時間）<br>①落葉樹の冬芽さがし<br>②常緑樹の冬芽さがし<br>③冬越ししている草 | ＜しぜんのたより＞<br>・しも、しもばしらを見つける<br>【生活科教科書】<br>・きたかぜとともだち |
| 2〜3月 | ●「みぎとひだり」（4時間）<br>①からだの右と左（1時間）<br>②自分のからだの向きと、左右に見えるもの（1時間）<br>③「前・後と左・右」の言葉を使う（1時間）<br>④「前・後・左・右」を使った宝の地図（1時間） | 【行事】<br>・3学期に、幼稚園や保育園の子どもを学校案内する。その時の案内で「右、左」が使えるようにする<br>【算数科教科書】<br>・ばしょをあらわそう |

# 3　２学年の年間計画

## （1）自然への働きかけを広げ、深める計画

年間を通して「しぜんのたより」に取り組みます。「自然離れ」している子どもたちの生活に自然を取り入れたいと思います。そのためにも、意図的、計画的に授業を行ない、自然への働きかけが広がり、深まるようにします。

例えば、４月に「ナズナのハート形の実の中にはたねがある」ことを理解することを学習のねらいとした「ナズナの観察」（P.139参照）を行ないました。その結果、雑草抜きをした際に、トウガラシの実の中を見て、たねを発見した子がいました。この子はたねを発見し、「米つぶみたいなものが出てきました。大きいのと、小さいのがあって、おもしろかったです」と、表現しました。

「しぜんのたより」が広がり、深まる学習が学期に１回は入るよう、年間計画をつくりました。２年生では、見つけた自然を絵と文で書くようにします。それを発表し、話し合って、１人の発見をみんなで共有します。また、子どもの作品を印刷して渡すことも「しぜんのたより」を活発にするのに役立ちます。

## （2）手と頭を結びつける「ものづくり」活動を

「ものづくり」は、動くおもちゃづくりを中心にします。みんなで同じおもちゃをつくり、一緒に遊びながら動くしくみや原理を体験的にとらえていきます。ゴムを使ったおもちゃづくりでは、ゴムを思い切り伸ばしたり、ねじったりし、それが元に戻ることを使って動くしくみを学びます。動くおもちゃづくりでは、３つのねらいを定め、学期に１回は必ず取り組むようにしました。

**❶しくみや原理・材料の性質などを体験的にとらえる。**

**❷つくり、動かし、つくりかえる楽しさを知る。**

**❸自分が頭に描いたものをつくり上げる手のたくみさを育てる。**

ねらいを達成するために、教材は「すべての子がつくれるもの」「つくりか

えができるもの」「発展的な活動が可能なもの」とし、年間計画に入れました。

「音をつくろう」（P.198 参照）では、吹いたり、弾いたり、たたいたりすることによって、ものが震動し、音が出る事実をとらえさせます。しくみや原理をとらえることで、思いつきでなく、それらを使った工夫をする子どもが出てきます。また、友だちの工夫も学び、よりよいものをつくろうとします。それをつくるために必要な道具の使い方や技術を確実に身につけることもできます。

## （3）みんなが話し、書きつづれるように ——書くことは認識すること

### ○「しぜんのたより」では、見つけたことを絵と文に

それを発表し、質問をうけたり、話し合ったりすることで、自分がはじめに話したり書いたりしていなかった部分を掘り起こし、認識させ、見つけたことの文がより豊かになるようにします。

### ○「やったこと」を書く

書くことは、認識することです。きちんと認識させたいと願う内容があるときには、子どもたちに文章を書きつづらせます。どの単元でも、１時間ごとに「やったこと」を書きつづらせるようにしましょう。

書かせたい、認識させたい内容は、各時間のねらいにあたります。

例えば、「音をつくろう」の６時間目「楽器のふるえさがし」では、「どの楽器も音を出すとふるえる」ことをねらい、授業を展開しました。

はじめにふるえが見えやすく、感じやすい大太鼓をたたきました。ピアノ、シンバルを鳴らしてふるえを見つけた後、さまざまな楽器を鳴らして、ふるえを見つけていきました。最後にトライアングルのふるえを止めることで、音も止まることを学習し「やったこと」を書きました。

各単元の学習は、一連のストーリーになるように展開していきます。前の時間との関わりに気づくと、授業後に書く文章がより豊かになります。

## （4）他教科とのつながり

１年生のときと同じように、友だちや自然と「遊ぶ」時間を十分に確保し、

五感を使って学ばせたいと思います。２年生になると、少しずつ話したり、書いたりすることに慣れてくる子どもも出てくると思いますが、引き続き、週９時間の国語などを使い、合科的に授業を行ないたいと思います。

２年生の１学期には「おもりで動くおもちゃ」（P.192 参照）と、国語の教科書にある「説明のしかたを考えよう」の授業を合わせて行ないました。「おもりで動くおもちゃ」を生活科でつくった後、「やったことを説明しよう」として、続けて国語の時間を取り、書くことに取り組みました。

### （5）単元同士のつながり

単元同士を関連づけて、３年生の社会科を見すえながらつなげていきたいと思います。例えば、遊びに行く、地域の人との接し方を学ぶ、安全に生活できるようにするための「地域めぐり」をするのではなく、「タンポポ絵本づくり」、「虫さがし」、「たねさがし」をします。その中で安全についてや地域の人々との接し方を学んでいくのです。

５月に「タンポポの絵本づくり」、７～９月に「虫さがし」、10 月に「たねさがし」と単元を連携させながら地域を舞台にした授業を重ね、地域のイメージが全員にできる 12 月ごろに、「空間を探る」として、地図学習を行ないます。

### （6）行事との関連を考える ――獲得した知識や技術を使う場面に

２年生の年間計画では、２学期の後半には１年生のときに行なった「秋フェスタ」と同様に、１年生を呼んで「おもちゃ祭り」という行事を催し、それに向けて授業を考えました。それまでに学習した「ゴムを使って動くおもちゃ」「おもりで動くおもちゃ」「空気さがし」に関わる内容を「お店」として提案したのです。

「円ばんとばし」をして的当てをするお店では、授業で学んだことを活かして円ばんがあまりとばない子に「もっとゴムをのばすととぶよ」とアドバイスをしたり、「わりばしの発射台を使った的当て」のお店では、「わりばしの発射台」をゴムが伸びるように工夫したりするなど、「学習した知識を使って」アドバイスをしたり、つくったりし、よくとぶようにしていました。こうした活動は、子どもたちの認識をより深めることになるでしょう。

## （7）２学年の年間計画案

ある学校の試みです。年間計画を立てる際の参考にしてください。

| | ●指導計画（時間数） | 【関連の単元、教科、行事】 |
|---|---|---|
| 4月 | ●しぜんのたより（年間通して）<br><考えられる学習内容><br>（1）生物は食べる、育つ、増える<br>・[サクラ] の花から、[サクラ] の実（たね）、[ナズナ] の花から、（ナズナ）の実（たね）<br>※［　］内は、様々な生物が入ります<br>・花にはいろいろな虫がくる<br>・[タンポポ] は、たねから芽が育つ<br>・虫は食べて育つ<br>・[カマキリ] や [バッタ] などは、たまごをうむ（2）太陽が沈む時に夕焼け、夜に星が見える。<br>（3）いろいろな形や色の石がある<br>（4）大雨、大雪、大風などの日がある | 【生活科教科書】<br>・ぐんぐんのびろ<br>・げんきにそだて<br>・夏がやってきた<br>・秋の町はどうなっているかな<br>・町に冬がやってきた<br>【国語科教科書】<br>・ふきのとう<br>・春がいっぱい<br>・今週のニュース<br>・たんぽぽのちえ<br>・かんさつ名人になろう<br>・夏がきた<br>・秋の一日<br>・見たことかんじたこと<br>【算数科教科書】<br>・かけ算（1あたりの数） |
| 4～5月 | ●ゴムを使った動くおもちゃ（6時間）<br>（1）円ばんとばし<br>①円ばんを輪ゴムでとばす（1時間）<br>②ゴムでっぽうをつくってとばす（1時間）<br>③いろいろな円ばんの大きさをつくってとばす（1時間）<br>（2）パッチンガエルつくり（1時間）<br>（3）カタカタ車つくり（2時間） | 【行事】<br>おもちゃまつりをひらこう<br>【生活科教科書】<br>・遊び大すきあつまれ |
| 5月 | ●野菜（ナス・トマト・ピーマンなど）を育てる<br>（1）たねと発芽<br>（2）どんな花かな？<br>（3）実とたね | |

| | | |
|---|---|---|
| 5月 | ●アイ（藍）を育て、染める（1）<br>①たねと発芽（1時間） | ＜しぜんのたより＞<br>・野菜の花から野菜の実（たね）<br>・たねから芽が育つ<br>【生活科教科書】<br>・ぐんぐんのびろ<br>・げんきにそだて<br>【国語科教科書】<br>・きろくしよう。「かんさつ名人になろう」 |
| 5〜6月 | ●タンポポ絵本（8時間）<br>①タンポポ調べ（5時間）<br>・グループのタンポポを1株決め、継続的に観察する<br>・花<br>・花からできたたね<br>・たねがとぶ（発芽）<br>②タンポポ絵本づくり（3時間）<br>・今まで見つけてきたことをタンポポの変化の順に並べ替え、絵本にする<br>③絵本の発表会 | ＜しぜんのたより＞<br>・タンポポの花から、タンポポのたねができる<br>・タンポポのたねから、タンポポの芽が出る<br>【生活科教科書】<br>・レッツゴー町探検（はっけんしたことを　しょうかいします）<br>・たねさがし<br>・空間をさぐる<br>【国語科教科書】<br>・「たんぽぽのちえ」 |
| 6月 | ●ダンゴムシ（1時間）<br>・広場や学校のまわりで、ダンゴムシさがしをする<br>・見つけたダンゴムシを飼う。食べる、育つ、増えることを観察する<br>※この時期は、ダンゴムシの繁殖が見られる。見つけたほかの虫も飼う | ＜しぜんのたより＞<br>・虫は食べて育つ<br>【生活科教科書】<br>・夏が　やってきた<br>【国語科教科書】<br>・夏がきた |
| | ●ソラマメのしゅうかく（1時間）<br>・ソラマメを収穫し、食べる<br>※1年生の10月頃に種まきをして育てたもの | 【生活科教科書】<br>・夏がやってきた |
| 7月 | ●おもりで動くおもちゃ（7時間）<br>①工作用紙のやじろべえ（2時間）<br>②針金やじろべえ（1時間）<br>③かたうでのやじろべえ（1時間）<br>④紙コップをたたせよう（1時間）<br>⑤ゆらゆら人形（1時間）<br>⑥おもりでゆれるおもちゃをつくろう（1時間） | 【行事】<br>・おもちゃまつりをひらこう<br>【生活科教科書】<br>・遊び　大すき　あつまれ<br>【国語科教科書】<br>・せつめいのしかたを考えよう |

| | | |
|---|---|---|
| 9月 | ●虫さがし（4時間）<br>・カマキリやバッタ、コオロギなどを見つける<br>・カマキリやバッタやコオロギなどを飼う | ＜しぜんのたより＞<br>・虫は食べて育つ<br>【国語科教科書】<br>・秋の一日 |
| | ●学校で働く人たち（7時間）<br>①学校で働く人調べ（2時間）<br>②［保健室］の先生の仕事調べ（1時間）<br>③［作業員さん］の仕事調べ（4時間）<br>＊［　］は学校の実態に応じて選ぶ | 【国語科教科書】<br>しょうかい文を書こう |
| | ●アブラナをそだてよう（2時間）<br>①たねと発芽（1時間）<br>②冬越しのすがたの観察（1時間） | 【生活科教科書】<br>・ぐんぐんのびろ<br>・元気にそだて |
| 10月 | ●あま～い水、から～い水（5時間）<br>①氷砂糖を水に溶かす（1時間）<br>②あま～い水をつくる（1時間）<br>③べっこう飴をつくる（1時間）<br>④から～い水（2時間）<br>ア）塩辛い水をつくる<br>イ）モールに塩の結晶をつける | |
| | ●ドングリやおちば（6時間）<br>①ドングリを探す（2時間）<br>②ドングリ調べ（1時間）<br>③ドングリ笛をつくる（1時間）<br>④落ち葉のアルバムつくり（1時間）<br>⑤落ち葉のおもちゃづくり（1時間） | ＜しぜんのたより＞<br>・花から実<br>【生活科教科書】<br>・もっと 知りたいな まちのこと（秋の町はどうなっているかな？）<br>・空間をさぐる<br>・秋とあそぶ<br>【国語科教科書】<br>・秋の一日 |
| | ●アイ染め（5時間）<br>①葉でたたき染めをする（1時間）<br>②葉の汁で染める（2時間）<br>③藍染めをする（2時間） | |
| 11月 | ●空気さがし（9時間）<br>①教室の空気をつかまえる（2時間）<br>②空気が出ると、水が入る（2時間）<br>③空気は水の中で泡になって見える（1時間）<br>④ビニール袋の穴をさがそう（自転車のチューブの穴さがし）（1時間） | ＜しぜんのたより＞<br>・空気はいろいろなところにある<br>【生活科教科書】<br>・遊び　大すき　あつまれ |

| | | |
|---|---|---|
| 11月 | ⑤かくれている空気を見つけよう（1時間）<br>⑥空気を使ったおもちゃをつくろう（2時間） | **【国語科教科書】**<br>・わかりやすくせつめいしよう「おもちゃのつくり方」 |
| 12月 | **●わたしの今いるところ（7時間）**<br>①教室の中の自分の席の位置を表す（1時間）<br>②校門から自分たちの教室への行き方を絵と文で書く（1時間）<br>③学校の配置図と指示文をもとに、目的地を探す（1時間）<br>④図書室はどこ？（1時間）<br>⑤家から学校まで（1時間）<br>⑥学校のまわりたんけん（2時間） | **【生活科教科書】**<br>・もっと知りたいな町のこと |
| 1月 | **●音をつくろう（10時間）**<br>①紙笛（2時間）<br>②ストロー笛（2時間）<br>③ストロー笛の音を大きくする（1時間）<br>④輪ゴムギター（1時間）<br>⑤楽器調べ（1時間）<br>⑥風船電話（1時間）<br>⑦糸電話（1時間）<br>⑧針金電話（1時間） | |
| | **●冬芽さがし（1時間）**<br>・落葉樹の冬芽さがし<br>・常緑樹の冬芽さがし<br>・冬越ししている草 | <しぜんのたより><br>・しも、しもばしらをみつける<br>**【生活科教科書】**<br>・町に冬がやってきた<br>**【国語科教科書】**<br>・詩を書こう「見たこと、かんじたこと」 |
| 2〜3月 | **●風で動くおもちゃ（7時間）**<br>①風で紙を動かそう（1時間）<br>②風で動く車をつくろう（1時間）<br>③風輪をつくろう（1時間）<br>④はがき風車をつくろう（1時間）<br>⑤２枚羽根の風車をつくろう（1時間）<br>⑥おめめくるくる風車をつくろう（2時間）<br>⑦いろんな風車をつくろう（家庭学習） | |

| | | |
|---|---|---|
| 2〜3月 | ●骨と筋肉（５時間）<br>①筋肉のあるところ（１時間）<br>②骨のあるところ（２時間）<br>・タコやイカは筋肉のかたまり<br>・わたしたちのからだには、骨がある<br>・ほねがつよい子、じょうぶな子<br>③こどものからだから、おとなの　からだへ（２時間）<br>・１年生のときと、２年生になったときの伸長を比べる（２年生の４月と、２月の身長を比べる）<br>・子どものからだと、先生のからだを比べる<br>・大きくなった証拠<br>・育つからだ、じょうぶなからだ<br>・絵本『ほねがつよいこじょうぶなこ！』の後半を読む<br>・『ほねがおれます、くだけます』（かこさとし［著］、童心社）を読む | 【生活科教科書】<br>・みんな大きくなったよね<br>※『ほねがつよいこじょうぶなこ！』（杉浦保夫［著］偕成社）を読む<br>※４月にくるぶしからひざまでの長さを工作用紙にとっておく |

## ◎授業をつくるときの留意点

各単元の授業づくりにあたっては、「単元のねらい」「学習内容」「教材」を明らかにして指導計画を立てます。また、「学習内容」を明確にし、それをとらえるための「教材」を選定します。これがないと、1時間ごとの授業をつくることはできません。

「単元のねらい」には、その単元のもつ意義と、どんな子どもに育てたいか、つまり教材観と児童感を書くようにします。

1時間ごとの授業にも「ねらい」がありますが、それは、その時間で子どもに身につけさせたいことを書きます。

## ◎授業を進めるときの留意点

実際に授業を進めるにあたっては、各時間でやったことを書きるづることを重視しています。書くことは、認識することです。何を学んだかを自覚化することです。

一人ひとりがつづったものを発表することでそれを共有化できます。そして、学習が広がり、深まります。

# 第3章 学習内容と学習展開 ＜１学年＞

## 1 しぜんのたより

**単元のねらい**

❶自然に働きかけ、自然の本質にせまる個々の事実をとらえる。
・植物……育つ／花が咲く／実ができる／たねができる／仲間を増やすなど
・動物……食べる／排せつする／育つ／仲間を増やすなど
・生物以外……例：鉄は磁石につく、ピカピカ光ることなど
❷自然への働きかけ方を身につける。
・立ち止まって見つめる、においを嗅ぐ、耳をすませて音を聞く、味をみるなど五感を使う。
・比べたり、つづけてみたりする。
・ただ見るだけでなく、手を加えて調べる。
・虫めがねやピンセットなどの道具を使う。
・図鑑や本などで調べる。
❸見つけた自然の事物や現象を絵や文で表現できる。このことを通して言葉を獲得し論理をみがく。

❹見つけた自然を絵に描き、文をつづり、話すことなどによって、人に伝えることができる力をつける。
❺見つけた自然を友だちや教師・親と共有する楽しさを知る。
❻見たがり屋、知りたがり屋、話したがり屋、やりたがり屋というように積極的な子にする。
❼日常生活の中で、自然にふれ、感性豊かな子にする。

## 学習内容

❶生きもの（植物・動物）は、食べる、育つ、増える
①［サクラ］の花から［サクラ］の実（たね）ができる（植物名はいろいろ）
②花には、いろいろな虫がくる
③タンポポのたねからタンポポの芽がでて育つ（植物はなんでも）
④虫は動き回り、食べて育つ
⑤カマキリやバッタなどはたまごを産み、ネコは子を産む（動物もいろいろ）
❷太陽が沈む時に夕焼け、夜に星が見える。
❸いろいろな形や色の石がある。
❹大雨、大雪、大風などの日がある。

## 指導計画

●自然の様子について日常的に発表・話し合い
・動物……どこで？　何をしていた？
・植物……どこに？　どうなっていた？
・発表を、質問／つけたし／教えたいことなどでふくらませ、１人の発見や疑問をみんなで共有する。
・１年間続ける。
●話すことからつづることへ
・実物をみんなに見せながら、見つけたものについて発表させる。
・慣れてきたら、聞く人にわかるように話すよう心がけさせる。
・２学期ごろからは絵で描いたり文でつづることを教える。文をつづる指導は、「発表・話し合いをもとに文にしよう」「見つけたことを文でつづろう」などステップを踏みながらていねいに行なう。
●子どもたちの発見は学級通信「しぜんのたより」を作成、配布
・「しぜんのたより」には、㋐クラスの子どもたちに知らせる価値のあるもの、㋑その子にとってよくできているものを掲載する。
・「しぜんのたより」には、どの子も月に１度くらいは掲載されるように、一人ひとりに応じて声かけやノート指導などの配慮をする。
・「しぜんのたより」は、クラスで読み合わせをして家庭へ持ち帰らせ、保護者の協力を請う。

●「しぜんのたより」と「授業」を関連させる
・全員で共有すべき内容は、朝の会の発表を授業にもつなげる。
・子どもが目を向けにくいことは授業で取り上げることで、子どもたちの視野を広げる。
●採ってきた植物や動物を育て、観察する。
・なるべく長生きさせるように指導する。

## 学習の展開

### 語ることからつづることへ

子どもたちは、自然の中で、自然を相手にして遊ぶことが少なくなっています。毎日の生活の中で自然にふれ、自然を豊かにとらえていけるようになりたいものです。自然に積極的に働きかけ、自然を知っていくためには、子どもが見つけた自然の事物や現象を、日常的に教室に持ち込ませるようにします。この活動を「しぜんのたより」と呼んでいます。

実物を持ってきて話をする、実物を持って来られない時は絵を描いてきて話す、絵と文で記録してきて発表することによって、１人の発見をみんなで共有していきます。

### 見つけた自然を教室に持ってくる

子どもたちが地域の自然に働きかけるようになるために、まずは見つけた自然を教室に持ち込むように呼びかけます。新学期がスタートしたある朝、子どもたちにタンポポの花を見せ、

「これはタンポポの花です。今朝先生が学校に来る途中の道路のはじっこに咲いていました。花びらがたくさんあります。みんなもこんなふうに、家や学校の近くで見つけた草花、虫なんかを持ってきて、みんなに見せてね」

と言うと、子どもたちからは、「ええっ、とってもいいの？」「虫でもいいの？」といった反応が返ってきました。

多くの子どもたちは『生きものをとってはいけない』と思い込んでいるので、空き地や道端で誰も育てていないのに自然に生えている草花は、

少しくらいとってもいいことを教えます。

最初に見せる例はタンポポでなくてもいいのですが、家で育てている栽培植物などを持ってくることもあるので、（それも否定はしませんが）まずは道端に自然に生えていて、子どもの目につきやすく、容易に手に入り、誰でも名前を知っているようなものがいいと思います。また、見つけた自然の様子を話させたいので「花びらは黄色です」とか、「花びらがたくさんあります」など、まずは誰が見ても気がついて話せそうな内容を少しだけつけたします。

翌朝は、「先生！　見つけたよ！」と、子どもが目を輝かせて教室に駆け込んできました。

## 発表には、まず、教師の働きかけを

見つけた自然を教室に持ち込んできた子どもには、実物を見せながら、みんなの前で発表するように促します。まだ単語でしか語れない子が多いので、最初から子どもに質問させると、話がうまくまとまりません。

子どもたちに、伝えたい内容に気づかせるためには、教師が質問して見つけたときの様子を具体的に聞きだします。質問の内容は、

**いつ？／どこで？／何が？／どうしていた（どうなっていた）？**

朝の会で発表すると、クラスメイトからは、「どうやってつかまえたの？」「どこに、いたの？」など次々と質問が出てきます。こうした友だち同士の話し合いがまた楽しいのです。

例えば、ハチの死がいを持ってきた子どもは、おしりに針があったことを絵にしました。ハチのおしりに針があったことに驚いたのでしょう。彼は、絵を描いたことから語りはじめているのです。そこで、「どこで、何が何をしていたのか」をたずねると、この子は「目みたいなのがあった」と、自分で文を書き添えました（次ページ参照）。最初は、まだ文字を書くことを要求しません。語ったことを教師が書き添えることを基本としています。

教師の質問によって子どもたちが話す内容が豊かになります。また、これは、どんな質問をしたらよいかを子どもたちに教えることにもなります。

「おしりに針があった」５月７日
しずさ：「おしりに針があった」
教　師：「何を持ってきたの？」
しずさ：「ハチ」
教　師：「どこで見つけたの？」
しずさ：「家の そば」
教　師：「ハチは何をしていたの？」
しずさ：「死んでた」
教　師：「みんなも聞いてみたいことある？」
子ども：「何のハチ？」
しずさ：「女王バチ」　（１年　しずさ）

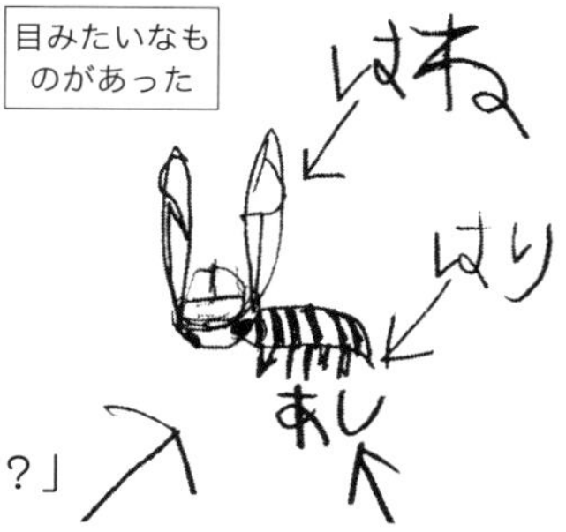


## 質問やつけたしで基本的な話の内容や大事な質問を定着させる

自然を書きつづることの第１歩として、まずは見つけた自然を「語る」ことができるようにします。そして、とらえた事実をみんなのものにしたり、より豊かにとらえさせたりするために話し合いをさせます。この時期の子どもの話し合いはしばしば本質的な内容からそれたり、言葉の連想から思いもよらぬ方向へ脱線したりするので、ゆるやかにですが、教師が軌道修正する必要があります。また、話の内容として重要な「いつ」「どこで」「何が」「どうしていた（どうなっていた）」などの質問が定着するように働きかけました。

話し合いをさせながら、最初の何回かで次のような質問を定着させることができました。

・「どんなところにいましたか」（ありましたか）
・「なにをしていましたか」（どうなっていましたか）
・色、形、大きさなどを聞く
・食べものを聞く

こうした話し合いを通して、生きものがどんなところで、何をしていたか（植物なら、「どうなっていたか」）、見ていた事実をできるだけ引き出すようにしていきました。また、自然への働きかけ方を身につけさせるために、「ああ、音を調べることもできるんだね」「あ、さわった感じという調べ方もできるんだね！」などのように五感を働かせて事実をとらえたことに共感を示すようにしました。

「おたまじゃくしに脚があった」５月９日
み　う：「これは篠崎公園で見つけました」
子ども：「だれがとったの？」
み　う：「自分で」
子どもたち：「ええっ！」
ひかり：「どうやってとったんですか？」
教　師：「ああ、それも聞きたいね」
み　う：「ペットボトルでとりました」
教　師：「ペットボトルで？」
み　う：「すくった」
教　師：「ああ、なるほど」
子ども：「オタマジャクシは何をしてましたか？」
教　師：「いい質問だね」
み　う：「遊んでた」（１年　みう）

## くわしく「語る」ことを教える

１年生なら１学期の終わりごろから、「語る」ことを少し意識させてみました。質問に答えた内容を教師がメモしておき、「今、●●君が質問に答えたことを全部つなげて話すと、こんなに長いお話ができるよ」と、ひとつながりの「お話」にしてみせるのです。文章化したものを、「学級だより」１つに載せると、よりいっそう効果的です。

けれども、これも無理やり語らせることが目的ではなく、「こういう話し方もできるよ」と、時々示す程度にして、子どもたちの話し合いの中で、次第に話の内容が豊かになっていきました。

## 見つけたことを絵に描かせる、「絵に描いたこと」を話す

絵を描こうとすると、対象をよく見るので、そのこと自体が自然に働きかけることになります。実際、絵を描きながら新たな事実に気がつくことも多いのです。そこで、段階を追って、見つけた自然を絵と文で書けるようにしました。

はじめのうちは発表が終わってから絵を描かせました。発表の中で気がついた様子を話せたら、「そのことを絵に描いてね」というように、声をかけました。このことによって、焦点の定まった絵を描きやすくなり

ます。慣れてきたら、家で見つけたものは家で描いてくるようにします。この時期には発表と、それを受けて話し合った様子を教師が文章化して、絵と一緒に学級だよりに載せました。

家で見つけた自然を描いてきたら、やはり絵に描いたことを話させて書き添え、学級だよりに載せてみんなで読んでから質問させます。その時、絵に描かれていることと、文章に書かれていることが一致している（対照できるようになっている）ところはほめましょう。

> 「ちばのたんぼでみつけたかえる」７月９日（１年　こう）
> 　まんなかのゆびがながい。じゃんぷりょくがたかい。めがある。めのうしろにせんがある。
> 　なきごえのふくろがある。よるに、ないた。せなかにてんてんがある。おなかがしろ。ゆびのさきがちゃいろ。ゆびが５ほん。くちがある。あごのしたがごくごくしてる。

絵を描かせるときは、わたしは無地の自由帳を使わせました。鉛筆を使って線でかくように言います。色鉛筆を使うと、細かい部分をよく見ないで塗りつぶしてしまうことが多いのです。生活科の教科書によくある『観察カード』は、下半分が文章を書くように罫線やマス目になっていますが、それでは描く大きさが制限されるので、無地の自由帳がいいと思います。カードにするなら、日付けと名前・題ぐらいにして、できるだけ好きな大きさで絵を描けるようにします。文はあいたスペースに書かせますが、罫線の付いた下敷きを使うと文字をそろえて書きやすくなります。

授業で絵を描かせたり、家で絵に描いてきたら、絵を見せて話させます。１年生の１学期ではまだ自分で文を書けない子が多いので、話したことはわたしが文字にして絵に書き添えました。２学期からは書ける子から書かせ、３学期にはみんなに書くようにすすめます。

## 自然の本質的なとらえ方につながる事実を

４月に行なった校庭たんけんでチューリップのおしべとめしべに出合わせて以来、子どもたちは花の発表があるたびに「おしべやめしべはありますか？」と質問するようになり、花を見つけると、おしべやめしべをさがすようになっていきました。小学校の１年生に花の構造や生殖器官の役割を教えようという訳ではありませんが、部分の名前は覚えたほうが便利ですし、何よりも「花が咲いたあとには実（たね）ができる」という、自然科学の本質的なとらえ方につながる事実をとらえることができます。

そんな中である子はスイートピーのめしべが「豆みたい」と思い、なかから出てきたつぶを「これ、たねかもしれない」と考えたのでした。しばらくして、オシロイバナのめしべを引っ張って遊ぶ遊び方を教えてもらったときに緑色の丸いものを見て、「これ、たねかもしれない」と思ったのです。なお、この子らはその後、時々オシロイバナを見て実際に黒い種子ができるまでを見続けました。

## 学級だよりに載せる作品を選ぶ

そして、子どもが描いた絵と話し合った内容を「しぜんのたより」のお便り（学習資料）として発行します。

毎朝の発表はますます盛んになり、６月の中ごろには１日に 10 件を超える日も出てきました。そのころまでは、発表して絵を描けば、ほとんどを学級だよりに載せていましたが、このころから次第に載せる作品を絞るようにしていきました。選ぶ基準は次の２点です。

①生物は栄養をとって生長し、子孫を残すという視点を柱に、「食べる」「殖える」など、生物の本質的なとらえ方につながる事実をとらえたもの
②みんなのものにしたい自然への働きかけ方をしているもの

「いしをどけたらかたつむりがいた」６月 15 日（１年　あゆ）
あゆ：「これは家の前でとったカタツムリです。石をどけたらいた」
教師：「おお！　すごい。どうして石をどけてみたの？」
あゆ：「友だちと虫をさがしてて、何かいるかなと思った」
教師：「ああ、そうか。虫がいるかなとおもって、石をどけてみたら、カタツムリがいたんだ。すごいね。かくれているところをさがしてみるというのも、大切な調べ方だよ」

## 「見つけたときの話」をさせる

２学期にはだんだん自分で文章を書くようにしていきたいと思っていましたが、とりあえずは１学期の延長で口頭発表も続けました。何人かは夏休み中に見つけたものを絵と文で書いてきたので、学級だよりで紹介して、「このように、２学期からは絵と文で書くようにだんだんしていくんだよ」と呼びかけました。

ところで今までの実践の中で、なかなかうまくいかなかったのが、対象との出合いの過程を意識しながら書くことでした。口頭発表と同じように「これは、～で見つけた～です」という書き出しでは、どのようにして見つけたかがなかなか出てきません。そこで、２学期からは『見つけたときの話』を意識させるようにしました。また、発表で質問に答えたことをつなげてわたしが文章にしてみせることも何度かやりました。

## 文章を読んで話し合うことで、質問も具体的になる

１学期の途中からは話し合いの記録は必要なときだけ載せるようにしてきましたが、２学期も 10 ～ 11 月ごろになると、バッタやカマキリの発表が何度か続いて、虫の食べものや、食べものによって口の形が違うことなどが話し合われたりしました。ちょうどそのころ、学級だよりに載せたある男の子の作品をみんなで読みながら、質問をしました。

「カマキリ」 11 月７日（１年　りょうすけ）

これはきょうとうこうはんのかどで見つけたかまきりです。

しょっかくがつるつるしてた。

むねのところがオレンジだった。カマキリのつばをだした。口がうごいた。おしりをかごのくうきあなにいれてた。おしりにふしぎなものがついてた。くびにくろいせんがあった。いかくした。

ひるまの目はみどりいろで、よるの目はくろい。口のほうが　きみどりで、口のうえはくろっぽいちゃいろ。みどりのはねの　ほうがちゃいろの　はね。手を　あらってた。しょっかくが　ちゃいろ。かまが　すごい。ぜんぶの　はねは　４まいだった。

書いてあることを読んで話し合うので、質問が具体的になり、いっそう様子がよく伝わるようになりました。

書かれた内容を話し合うことで、いっそうわかります。このように大

事な内容などが含まれているときは話し合いの記録も通信に載せるようにしました。このときは、それを読んでさらに話し合いが続きました。

### 働きかける対象の広がりに疑問を感じたり、考えたりするようになる

２学期の終わりごろにもなると、「しぜんのたより」に生物以外の話題を出す子どもが出てきます。例えば、ある子どもは、旅行先でつららを見つけたことを、発表しました。

> 「短いつららと長いつらら」（1年　ともや）
> 　一月九日に山形で見たつららです。長いつららもあったし、短いつららもあった。宿に着いたときは、車につららがなかったのに、一日宿に泊まって車の下を見てみたらつららがついてた。車のつららはすごく大きいのはなかったけど、宿の屋根のは大きかった。ぼくの見たのは1*m* くらいのもあった。ぼくの家の車の下にあったつららの中で一番大きかったのは 10*cm* くらい。

この子どもは、文章にははっきりと書いていませんが、車にできた小さなつららを見て、宿の大きなつららもだんだん大きくなったのではないかと考えるようになっていることをうかがわせます。

このような作品をみんなで話し合っているうちに、身の回りの出来事にも疑問を感じたり、考えたりするようになってきました。

> 「バター」1月18日（1年　しゅうと）
> 　きょう、あさごはんであったかいパンにバターをぬったらとけた。さいしょはしろだった。かたまってた。ぬったらちゃいろのあぶらのとうめいになった。

> 「ぎゅうにゅうのまく」1月28日（1年　しゅうと）
> 　きのうあさごはんでぎゅうにゅうをあっためたらぎゅうにゅうの上にまくができました。おかあさんがコーヒーぎゅうにゅうをあっためたらちゃいろのまくができた。
> 　スプーンですくってみたらぷよぷよしてた。ウエットティッシュみたいだった。しわがよってた。おゆは、まくができない。
> 　あたためたらなんで、できるんだろう？　ぎゅうにゅうしかできないのかな？
> 　おかあさんは、しってるっていってた。でもおしえてくれなかった。

「ハァって やったら あたたかいのに フゥって やると つめたい いき」
２月１日（１年　まゆ）

　きょういえにかえりました。

　いえでハァってやりました。はぁってやったらあたたかかった。でも、フゥってやったらつめたかった。ふしぎだなとおもいました。だからはっぴょうしました。

## 親を巻き込んだ広がりへ

　ある母親から「幼稚園では人前で話をするなんて考えられなかったのに、驚きました。このような発表の機会を与えてくれたことに感謝します」という手紙が届きました。学級だよりが読まれるようになり、家庭での会話も増えたのだそうです。家庭訪問でも同じような感想が聞かれました。

　また、「外に出るときメモを持っていくようになった」「生物の名前を聞くようになった」など、家庭でも生物のことが話題になってきました。

　学級だよりを出すことで、１人の発見をみんなのものにすることもできたが、同時に、親も巻き込んでさらに働きかけを強めることもできました。ウシガエルやザリガニ釣りなどを教えるために、子どもをよく外に連れ出す父親も出てきました。家でいろいろなものを飼ったり栽培するようになった家庭もありました。

　３学期になると家庭で話し合っている様子が子どもの作品の中からも読み取れるようになりました。先ほどの例のように牛乳の膜をめぐって母親と会話したり、カエルを見つけたから、子どもを呼んだりと、親が意図的に子どもに見せようとしている様子も見られるようになりました。また、一緒に料理をするなど手伝いの中からの発見も多くなるなど、親子が一緒に取り組む生活が多くなってきました。

# 2 生きものさがし

## （1）花さがし

### 単元のねらい

入学して１週間ほどもたつと、子どもたちも学校の様子がわかってきて、自由にあちこちへ行くようになります。

「しぜんのたより」もこのころにはじめることが多いのですが、何をどのように見たらいいのか、わからない子もいます。

そこで、最初の自然観察として、校庭の「花さがし」をすることにします。全員で校庭をひとめぐりし、どんな植物がどんな花を咲かせているか見て、一番気に入った花の絵を描かせて、観察のしかたの基礎を教えます。

どんな花だったかを話すときに、根、茎、葉、花びら、おしべ、めしべという植物の器官（からだ）の名前を知っていると、話しやすく、伝わりやすくなります。そこで、たいていの学校にある、チューリップを使って、「からだしらべ」をします。

### 学習内容

❶校庭には、栽培した植物だけでなく自然に生えている植物もたくさんあって、花をつけている。
❷植物のからだの部分には、根、茎、葉、花びら、おしべ、めしべという名前がある。

### 教材

❶校庭で、いろいろな植物が花を咲かせている。
❷チューリップのからだには、根、茎、葉、花びら、おしべ、めしべがある。

### 指導計画

❶校庭の花さがし（２時間）
❷チューリップのからだしらべ（１時間）

## 学習の展開

### 校庭の花さがし（1、2時間目）

**●ねらい**

校庭に自然に生えている花をさがし、絵を描く。

**●準備**

あらかじめ校庭にどんな植物が見られるか調べておく。

**●必要なもの**

小型の植物図鑑、虫めがね

**<展開>**

①「校庭で花さがしをしよう」

全員で校庭をひとめぐりし、自然に生えている植物を見つけてきます。植物を見つけたら、図鑑で調べて、名前を教えます。

②「一番気に入った花を絵に描こう」

一番気に入った花を教室に持って帰り、絵に描きます。描けたら、発表の機会を与えて、見つけたことなどを話させる。それをノートにメモしてやります。

**<見つけられる植物の例>**

タンポポ、オオイヌノフグリ、ホトケノザ、ヒメオドリコソウ、ナズナ、カラスノエンドウ、ミミナグサ、ハコベ、アブラナ、カタバミ、スミレなど

### チューリップのからだしらべ（3時間目）

**●ねらい**

チューリップのからだには、根・茎・葉・花びら・おしべ・めしべがあることがわかる。

**●必要なもの**

チューリップ1株

<展開>

①「チューリップのからだしらべをしよう」

チューリップを1株抜いて、根・茎・葉・花びら・おしべ・めしべという、からだの各部分の名を教える。
＊チューリップの花の下のものは花柄であるが「茎」でよいことにする。

②「チューリップの絵を描きましょう」

## （2）たねさがし

**単元のねらい**

「見つけたよ！」と毎朝のように、植物や昆虫などを教室に持ち込む子どもたちでも、意外に「たね」は見つけてきません。花と違って目につきにくいものが多かったり、見えているものが「たね」だとわからないことが多いようです。「しぜんのたより」に次々と「たねの発見」が出てくるようにするには、きっかけをつくる必要があるようです。

花が枯れたあとをさがしたり、落ちている実を割ってみたり、といった働きかけ方や、「草にもたねがあるんだ」「果物の中にもたねがある」というような知識がふえていけば、「くっつくたね」があったり、「とんでいくたね」があったりと、いろいろな植物がいろいろなかたちのたねをつくっている姿が見えてきます。身の回りにたねが「あふれている」秋には、ぜひ「たねさがし」の授業に取り組みたいと思います。

なお、アサガオや野菜など栽培した植物があったら、ア花の咲いたあとに実（たね）ができた、イまいたのと同じたねがたくさんできた、という事実を見させ、それをきっかけに「たねさがし」に入るのもよいでしょう。

**学習内容**

❶いろいろな植物にそれぞれのたねができる。
❷実の中にはたねがある。

**教材**

❶学校で見られる植物のたね（花もいっしょに見られるものがあれば、花も観察する）。
❷子どもたちが持ち寄ったたね。

**指導計画（２時間）**

❶たねさがし（１時間）
❷いろいろなたねをあつめよう（１時間）

## 学習の展開

### たねさがし（１時間目）

**●ねらい**

花の咲いていたあとにたねができている。

**●準備**

プリンカップなどをたくさん用意しておく。

**＜展開＞**

**①「たねはどんなところに、できているかな？」**

最初にどんなところでたねが見つかりそうか、見当をつけます。

アサガオなどの経験から「花の近くをさがす」という意見が出たりします。いくつかそういう経験を話し合います。

**②「たねはどんなふうに、ついているかな？」**

花が咲いていたところにたねができているかを、見に行き、たねがあったらどんなふうについているかを観察し、あとで絵と文で書かせます。

たねを観察する視点を教えたいので、最初に校庭の花壇や校舎の裏など、たねを見つけやすい植物をみんなで見に行き、たねのつき方（どこに、いくつ、どのように）を見て話し合い、絵と文で書きます。

**③「見つけたことを発表してください」**

教室にもどって発表し合います。見つけたたねはプリンカップなどにまいておきます。

**④「たねさがしをしたことを書きましょう」**

## たねあつめをしよう（２時間目）

●ねらい

いろいろな木や草にいろいろなたねができる。

＜展開＞

①「朝の会で発表してください」

１時間の授業というかたちではなく、朝の会の発表などで、いろいろなところから見つけてきたたねを発表し合い、虫めがねで観察したり、展示したり、まいてみたりすることをしばらく続けます。

②「いろいろなたねを見つけましょう」

日常活動でいろいろなたねが持ち込まれるうちにエノコログサやススキのようなイネ科のたねにも目を向けさせたり、実を割ってみて中からたねを見つけたりします。

③「『たねのコレクション』をつくりましょう」

見つけたたねを「たねのコレクション」として、整理します。

＊「しぜんのたより」として扱うこともできます。

## （３）虫さがし

**単元のねらい**

「しぜんのたより」では、虫のことがよく報告されます。子どもたちは動くものに興味を示します。秋になると、コオロギ、バッタ、カマキリなどが成虫になり、よく目につくようになります。この時期は虫さがしをするのがよいでしょう。

学校の周りにはいろいろな虫がいます。子どもたちを連れて、近くの公園や草原などに出かけてみましょう。学校の校舎の周りを回ってみても、いくつもの虫を見つけることができるでしょう。

バッタは草を食べ、カマキリはコオロギなどをつかまえて食べています。また、バッタやコオロギは土の中にたまごを産んだりもしています。

「しぜんのたより」の苦手な子には、こうした機会に手助けをして見つけさせ、発表させます。
採った虫を飼うことによって生と死を見ることもします。虫への愛着が生まれます。

**教材**

❶学校や家の周りにはいろいろな虫がいる。
❷バッタは草をかじって食べ、カマキリはコオロギなどをつかまえて食べる。
❸バッタやコオロギは土の中にたまごを産む。

**学習内容**

❶コオロギ、バッタ、カマキリなどをはじめ、いろいろな所にいろいろな虫がいる。
❷虫は、食べたり、ふんをしたり、たまごを産んだりする。

**指導計画（3時間）**

❶学校の周りの虫さがし（2時間）
❷採ってきた虫を飼う（1時間）

## 学習の展開

### 学校の周りの虫さがし（1、2時間目）

**●ねらい**
学校の建物の周りや木や草のある所、石の下にも、虫がいる。
**●必要なもの**
ビニール袋（採った虫を入れる）、わりばし（虫をつかむ）、虫めがね

**<展開>**

**①「学校の周りには、どんな虫がいるかな？」**

虫の鳴き声が聞こえるようになったら、虫さがしにいってみましょう。虫さがしをする場所数ヵ所を決めておいて、そこへ行き、みんなでさがしてみます。

### ②「見つけた虫のことを絵と文でをかこう」

虫が何をしていたかを、思い出させ、何かをしているところをかくようにさせます。

## 採ってきた虫を飼う（1時間目）

### ①「採ってきた虫をみんなで飼いましょう」

コオロギ、ダンゴムシ、アゲハの幼虫などを飼ってみることにしましょう。草原に出かけると、バッタやイナゴ、カマキリ、ダンゴムシなども見つかるでしょうから、それらも飼ってみたいものです。長生きするように飼い、死まで見るようにします。

ここでは、学校の周りをめぐるという、どこでも可能なことを考えたプランにしました。しかし、虫さがしによい公園や草原が近くにある学校では、そういう場所に出かけたいものです。川の土手もよいでしょう。地域の自然の中で生きものさがしをするようにすることが、日常活動にもつながります。

### ＜虫の飼い方の例＞

**●テントウムシ**

6月になるとアブラムシのいるところでたくさん見つけられるようになります。何匹もつかまえて水槽に入れておけばオスとメスの見分けができなくても、たいてい両方いて交尾に成功します。産卵後4日で孵化します（幼虫が生まれる）。たまごはオレンジ色でゴマツブぐらいの大きさです。

孵化したら成虫がえさと間違えて食べてしまうので、成虫を別の容器に移しておきましょう。短期間で幼虫からサナギになり（蛹化）、成虫になります（羽化）。

●テントウムシの成長記録

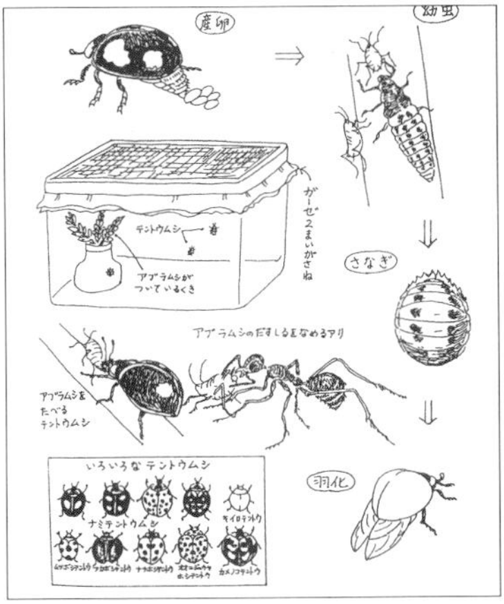

## ●ダンゴムシ

ダンゴムシは、エビ、ザリガニと同じ仲間の陸に住む甲殻類で、枯れ草の下などのたくさん住んでいます。

ダンゴムシは交尾後、メスの腹に薄い膜に包まれた袋（保育室）ができ、その中に 50 個ぐらいのたまごを産み、この保育室の中で孵化します。

●ダンゴムシの成長記録

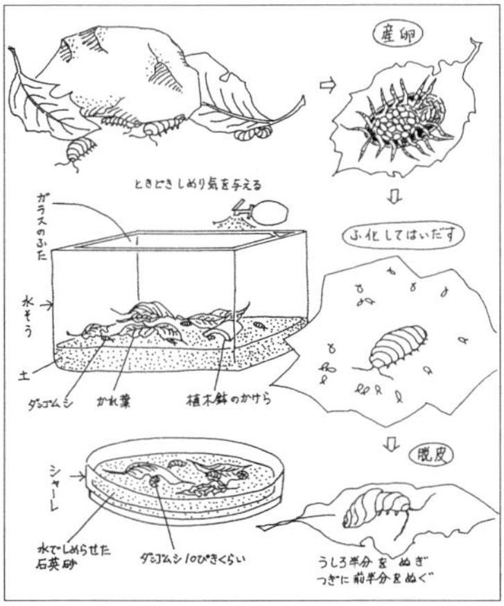


## ●カタツムリ

カタツムリはタニシやサザエと同じ巻き貝の仲間で、軟体動物の腹足類です。何でも食べるので飼いやすい動物です。

ニンジンを食べるとニンジンと同じ色のうんちをするので、いろいろな色のえさを試してみましょう。雌雄一体なので、２匹いれば交尾をし真珠のようなたまごを産みます。

●カタツムリの成長記録

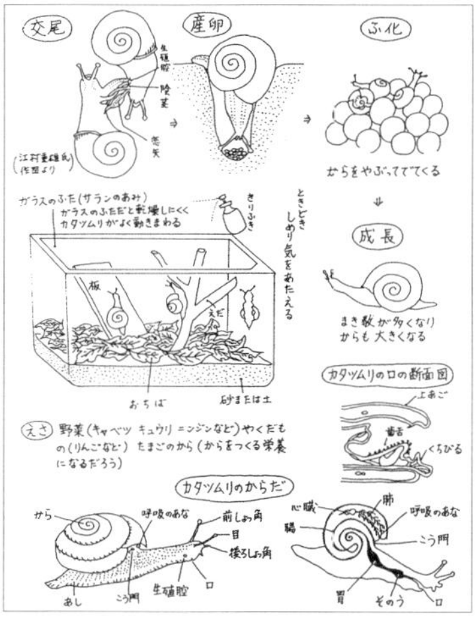

# 3 生きものを育てる

## 学習内容

❶植物は、芽を出し、成長し、花を咲かせ、種子をつくる。
❷土を耕し、世話をして育てるとよい収穫が得られる。
❸動物は、えさをとって食べ、うんちをし、交尾して、産卵し仲間を増やす。
❹動物は住む所を考えて、世話をすれば長く飼うことができる。

## 教材

❶作業や世話が簡単で、短期間で収穫や変化が見られるものを選ぶ。子どもが見つけてきた小動物は全部飼ってみるようにします。
❷給食に出た果物の種も育ててみるのもよいでしょう。メロン、ビワは芽がよく出ます。
❸「しぜんのたより」で持ち込んできたものをまいてみるのもよいです。カラスノエンドウ、スミレ、ハコベ、マツなど、イチゴケースなどに、湿らせた脱脂綿を敷いて、その上にたねを置くだけで発芽が見られます。
　なかなか発芽しなくても、水をきらさないようにして、待ちましょう。
❹動物は、子どもが自然の中で見つけてきたものを飼います。いろいろな虫やザリガニ、メダカ、オタマジャクシなどです。

## 育てる生きものを選ぶときのポイント

❶作業や世話が簡単で、短期間で収穫や変化が見られるものを選ぶ。
❷子どもが見つけてきた小動物は全部飼ってみる。取り上げたい生物と、時期は下の表を参考に、できるものを取り上げましょう。

**▼育ててみたい生きもの**

| ・植物 | ・動物 |
|---|---|
| アサガオ……4月末～9月末 | ダンゴムシ……5～10月 |
| 赤丸ハツカ大根……4～10月 | カタツムリ……6～10月 |
| ミニトマト……5月中旬～9月 | テントウムシ……5～7月 |
| サヤエンドウ、ソラマメ……11～5月 | オタマジャクシ……6～7月 |
| | バッタ、コオロギ、カマキリ……9～11月 |

＊給食に出た果物のたねも育ててみるのもよいでしょう。メロン、ビワは芽がよく出ます。
＊「しぜんのたより」で子どもたちが持ってきたたねをまいてみるのもよ

いです。カラスノエンドウ、スミレ、ハコベ、マツなど、イチゴケースなどに、湿らせた脱脂綿を敷いて、その上にたねを置くだけで発芽が見られます。
　なかなか発芽しなくても、水をきらさないようにして、待ちましょう。
＊動物は、子どもが自然の中で見つけてきたものを飼います。いろいろな虫やザリガニ、メダカ、オタマジャクシなどです。
＊１年では、上記のものと決まっているわけではありません。２年のものも参考にしてください。

## （１）植物を育てる

### ○アサガオを育てよう

**単元のねらい**

　夏の朝、次々と咲くアサガオの丸い花は、涼しげに見えます。
　アサガオは、家庭や幼稚園、保育園で育てられているので、子どもにとって身近な植物の１つです。
　子どもたちが、自分のアサガオを持ち栽培することが、この単元の目的ですから、「何色の花が咲くかな？」「きれいな花を咲かせたい」と期待が持てるように、子どもたちに働きかけたいと思います。
　アサガオは、種子や双葉の形が特徴的で、「すいかを切ったみたい」「リボンみたいな形」と、似たものにたとえて言葉で表すことができます。花は比較的大きく、花の中にあるめしべやおしべを見たりさわったりできます。枯れた花が、未熟な実についたまま残っていることがあるので、花の咲いた後に実ができるということに気づくこともできます。
　１年生の子どもたちが、種子や双葉や本葉の色や形、数、手ざわりなどを調べることは、ものをとらえる視点を学ぶことにもなります。そして、とらえたアサガオの様子を、子どもたちが自分の絵や言葉で表すことも大切にしたいことです。このころはまだ文を書けないので、絵に描いたことを話させ、教師が書いてやります。
　アサガオがつるを伸ばして花を咲かせるのは、夏休みのころ、保護者に協力してもらい、家庭でもアサガオの栽培を続けさせます。２学期に、花や種子を調べるために、学校の花壇でもアサガオを育てておきます。
　秋に、実を割ってたねを取ると、春にまいたのと同じ種子がたくさんできたことに気づきます。これは、植物の繁殖についての具体的な事実です。

**学習内容**

❶アサガオは種子から双葉が出て、本葉を茂らせ、花をつけ、種子をつくる。

❷ひと粒のたねからたくさんのたねができる。

**指導計画（10 時間）**

❶たねまき（２時間）
❷ふたばしらべ（２時間）
❸ほんばしらべ（２時間）
❹はなしらべ（２時間）
❺たねとり（２時間）

## 学習の展開

### たねまき（1、２時間目）

**●ねらい**
アサガオのたねはかたくて小さくて、すいかを切ったような形をしていることを知る。
自分の鉢に、たねまきをする。

**●必要なもの**
アサガオの種子（１人３粒ほど）、育苗ポット、もしくは栽培用の鉢を１人に１つ、土、アサガオの花の写真

**<展開>**

**①「これは何だと思いますか？」**

アサガオのたねを教えます。子どもの手のひらに、アサガオのたねを1粒ずつのせ、見たり、さわったりして、様子を調べます。

**②「たねの様子を、絵に描き、気づいたことを先生に話してください」**

教師は、子どもの話したことを、絵のそばに書き添えます。

**③「何色の花が咲くか楽しみにして、アサガオを育てよう」**

アサガオの花の写真を見せながら説明をします。
育苗ポット（鉢）に土を入れて、たねを埋めましょう。

## ふたばしらべ（3、4時間目）

**●ねらい**

アサガオのたねから出た双葉を観察する。

**●準備**

発芽したばかりのものや、双葉が開いたものなど、様子の違うアサガオを採取しておく。

### ＜展開＞

**①「アサガオのたねをまいた鉢は、どうなっていますか？」**

土から出たばかりの芽や、まだ開いていない双葉、開いた双葉の様子を見て、種子から芽が出て双葉が開く様子などを見せるようにします。

**②「双葉の様子を調べよう」**

葉の形（リボンのような形）や、葉脈、葉と葉の間に小さくとがったものがあることなど、様子をよく観察します。

**③「アサガオの双葉の様子を絵と言葉で書き表しましょう」**

見つけたことを書こうとすすめます。

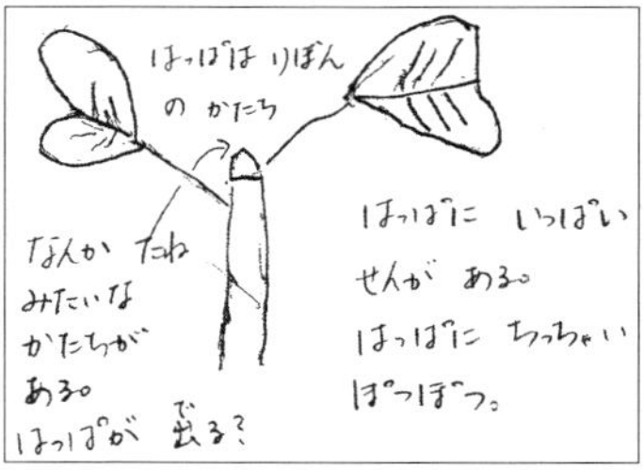


## ほんばしらべ（5、6時間目）

**●ねらい**

アサガオの本葉は、双葉と形が違い、数が増えていく。

子どもが育てたアサガオの本葉が数枚生えたときに行なう。

### ＜展開＞

**①「アサガオの葉が増えましたね。本葉の様子を見てみよう」**

本葉の形、数、葉や茎に毛が生えていることなどの様子を調べます。

**②「本葉が増えて育ったアサガオを、絵と文で書き表しましょう」**

その後、アサガオの本葉が増え、つるが伸びはじめたころに、様子を見ます。

そして、見つけたことを絵と文で書くようにします。

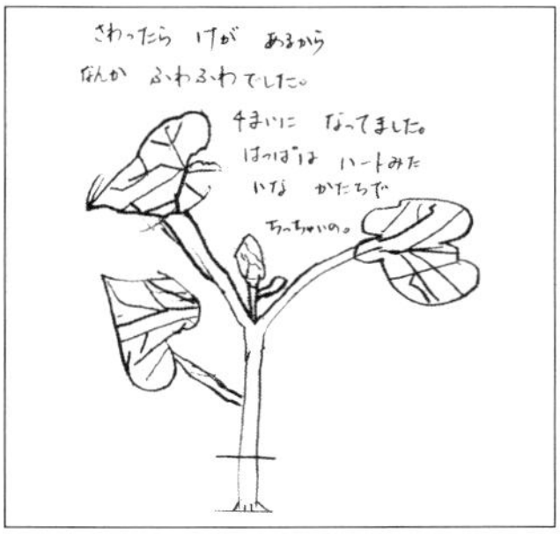


## はなしらべ（7、8時間目）

**●ねらい**

丸い花のまん中に、めしべ、おしべがあって、おしべにさわると指に花粉がつく。

**●準備**

できるだけ多くの花が咲いている日を選んで行なう。

**＜展開＞**

**①「アサガオの花の中を見てみよう」**

花の中の細い棒（めしべとおしべ）の様子を見たり、さわったりして、調べます。

**②「花の様子を絵と文で書き表しましょう」**

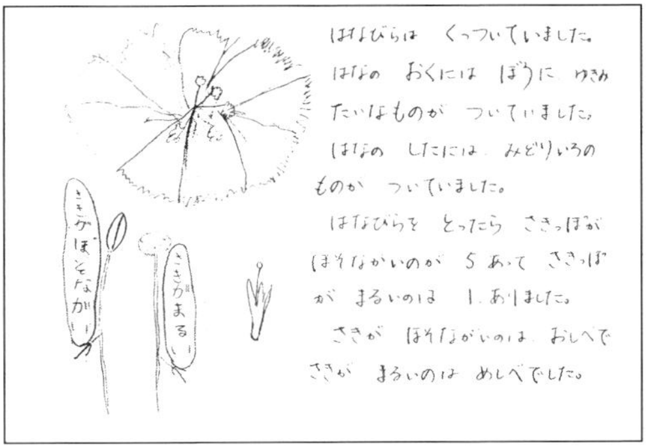

## たねとり（9、10 時間目）

**●ねらい**

花が咲いたあとに実ができる。
実を割ると、春にまいたのと同じたねがある。

**●必要なもの**

枯れたアサガオの株、これまで子どもたちが書いてきた絵の中からアサガオが育った様子がわかる絵（種子、双葉、本葉、支柱に巻きついたつる、つぼみ、花、枯れた花のついた若い実、熟した実）

### ＜展開＞

**①「枯れてしまったアサガオを見ながら、これまでの様子を思い出そう」**

枯れたアサガオと、これまでの子どもたちの作品を示しながら、これまでの様子を順にたどります。はじめは 1 粒の種子だったことから、成長を順に思い出す。

**②「たねとりをしよう」**

丸い実の中にたねがあることを知って、たねとりをする。1 株から何個のたねが取れたか、数える。

**③「たねとりをしたときのことを、やった順に書こう」**

やったことを書くようにします。

たねの かわを わったら たねが でてきたよ。おおきかったりちいさかったりしたよ。
4こでてきたり 1こ でてきたり、2こでてきたりしたよ。
たねの かわを おして わったよ。そしたらわれたよ。そうやったらわれるんだなっとおもったよ。
たね
くき
きみどり
たねのかわ

## ○ハツカ大根

ハツカ大根は、ラディッシュともいうアブラナ科の植物で、名前の通り20日で収穫ができ、子どもでも簡単に栽培できます。葉も食べられますが、主に根を食べます。

赤丸ハツカ大根が一般的ですが、コメットなど春秋まきの品種は、3～4月にまいて5月に、秋は9月にまいて10月末に収穫できます。

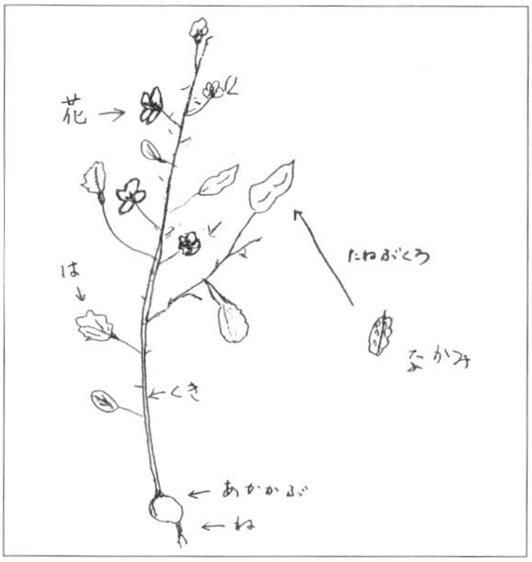


石灰と堆肥を混ぜた土に化成肥料の元肥を施し、6cm間隔に筋まきする。たねが見えなくなる程度に軽く土をかぶせ、本葉が見えはじめたら3cm間隔に、本葉1、2枚のころ6cm間隔に間引きをします。

2、3株は収穫しないでにそのまま育て、花と実を観察します。薄いピンクの十字花が咲き、「たねぶくろ」（実）の中にまいた種子と同じ種子が並んで入っているので、食べたところが実ではないことに気づいた子どもたちは驚きます。

## ○ソラマメ

生長した実が、空に向かってつくことからその名がつきました。10月ごろにたねまきをして、翌年の初夏に収穫します。

酸性土壌に弱いので、苦土石灰を土によく混ぜて耕しておきましょう。肥料はリン酸とカリを主体にします。寒さに強い植物ですが、ササを立てたり、ワラを敷いたりして霜よけはしておきましょう。

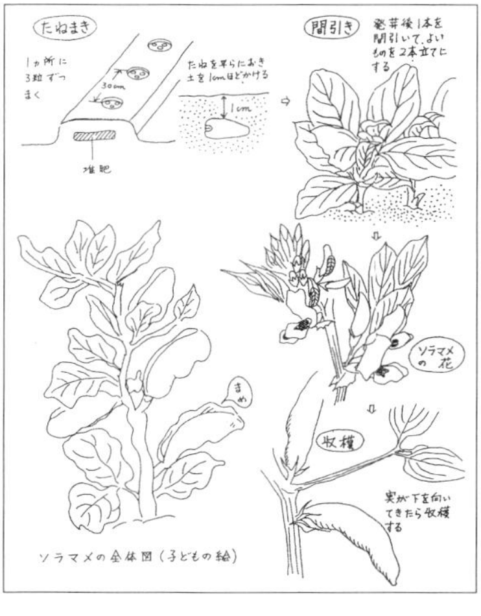


＊サヤエンドウもソラマメと同じように栽培する。若いうちに収穫したものがサヤエンドウでサヤごと食べられる。たねが熟するとグリンピース（えんどう豆）になる。今はそれぞれ用のたねがある。

# 4 ものさがし ――鉄をさがす

## 単元のねらい

　低学年で科学認識を育てるために、ものに働きかける授業の１つとして「鉄さがし」を取り上げます。鉄が磁石に引きつけられることから、磁石を使って鉄さがしをします。磁石がものに働きかける道具になります。鉄さがしを通して、身の回りに鉄でできたものがたくさんあることに気づかせたいと思います。

## 学習内容

❶鉄は磁石にくっつく。
❷間にものがあっても鉄は磁石にひきつけられる。

## 教材

❶ゼムクリップは磁石にくっつくが、プラスチッククリップは磁石にくっつかない。
❷鉄釘は磁石にくっつくが、銅釘は磁石にくっつかない。
❸磁石を使うと、水中のゼムクリップを手を濡らさないで取り出せる。
❹アルミ缶は磁石にくっつかないが、スチール缶は磁石にくっつく。
❺校庭の鉄棒やのぼり棒などは鉄でできている。

## 指導計画（７時間）

❶磁石にくっつくものと、くっつかないもの（２時間）
❷磁石につくものは鉄（１時間）
❸水の中のゼムクリップを磁石でとる（１時間）
❹アルミ缶とスチール缶（１時間）
❺校庭の鉄さがし（２時間）

## 学習の展開

### 磁石にくっつくものと、くっつかないもの（1、2時間目）

**●ねらい**

磁石にくっつくものと、くっつかないものがある。

**●必要なもの**

磁石（人数分）、記録用カード

**＜展開＞**

#### ①「磁石にくっつくものさがしをします」

記録用カードを配り、教室の中の調べたいものを「しらべたいもの」というところに書き、磁石にくっつくかどうか、予想を立てます。

くっつくと思ったら、「はじめ」のところに○、くっつかないと思ったら×をつけます。

●記録用カード

| じしゃくにくっつくだろうか？ | | |
|---|---|---|
| しらべたいもの | はじめ | あとで |
| 【れい】せんせいのつくえ | ○ | ○ |
| | | |
| | | |
| | | |
| | | |

#### ②「磁石を使って試してみましょう」

全員がいくつかのものを記入できたら、磁石を渡し、確かめさせます。「あとで」にくっついたら○、くっつかなかったら×をつけさせます。

#### ③「やってみたものを発表し合いましょう」

#### ④「やったことを書きましょう」

＜子どものノートの例＞
きょう 生活科で じしゃくをもって、プリントにかいたものが くっつくかやってみました。ロッカーとか かたいものは くっつきました。かたくて てつなのが くっつきました。

## 磁石にくっつくものは鉄（３時間目）

**●ねらい**

磁石にくっつくものは、鉄でできているものである。

**●必要なもの**

鉄釘、銅釘、鉄くさり、ステンレスくさり、鉄スプーン、ステンレススプーン、プラスチックスプーン、アルミ針金、鉄針金、銅針金、ゼムクリップ、プラスチッククリップなどを入れた箱（グループ分）、磁石（人数分）

### ＜展開＞

**①「磁石にくっつきそうなものをさがして、分けてみましょう」**

箱の中に入れたさまざまなものの中から、磁石にくっつくものとくっつかないものを選び分けます。

**②「磁石を使って確かめてみましょう」**

**③「話し合いましょう」**

磁石にくっついたものは、くっつかなかったものと何が違うかを、話し合います。

**④「やったことを書きましょう」**

＜子どものノートの例＞

きょう、生活科でまた、じしゃくに くっつくのと くっつかないのをやりました。てつはくっつきました。てつじゃないのは くっつきませんでした。ぼう〈針金〉が ３本あって、ちゃいろのと 白いのと てつのが ありました。てつのが くっついて、白いの（アルミ）と ちゃいろいの（銅）がくっつきませんでした。

なんでかというと 白いのが アルミだったからです。くぎも ちゃいろのは くっつかなかったけど、ぎんのは じしゃくに くっつきました。てつだから くっついたと思いました。

## 水の中のゼムクリップ（４時間目）

**●ねらい**

水の中のゼムクリップも磁石にくっつく。

**●必要なもの**

水を入れたペットボトル、ゼムクリップ、磁石（各グループ分）

**＜展開＞**

**①「水の入ったペットボトルからゼムクリップを取り出せますか？」**

ペットボトルの水の中にゼムクリップが落ちているのを見せ、そのペットボトルの中のゼムクリップを水をこぼさずに取る方法を考えさせます。

**②「アイデアを出してください」**

取り出し方を話し合った後、教師が、磁石を使ってゼムクリップを取り出して見せます。

**③「みんなでやってみましょう」**

グループにゼムクリップを水中に入れたペットボトルと磁石を１つずつ渡します。そして、みんなでやってみます。

**④「やったことをノートに書きましょう」**

＜子どものノートの例＞

水が入ったペットボトルの中に クリップがある。そのクリップをとりたい。でも、水をこぼさないようにとる、どうしたらいいか、考えました。みんなが「ぼうをつかって とればいい」「はしをつかって とればいい」「ストローですう」「つりばりでとる」といいました。

だれかが「じしゃくでくっつければいい」っていったので、先生が、じしゃくを外からクリップにちかづけて じっけんしました。そしたらくっつきました。みんなもやりました。おもしろかったです。わたしもやりました。むずかしかったです。でも、とれました。おもしろかったです。

## スチール缶とアルミ缶（５時間目）

**●ねらい**

塗料を塗ってあっても、鉄は磁石にくっつく。

**●必要なもの**

スチール缶、アルミ缶（各グループ分）、サンドペーパー（グループに２枚）、磁石（人数分）

### <展開>

**①「この缶、いろいろ描いてあるね。これでも、磁石にくっつくかな？」**

鉄でできたものならくっつきます。

水の中のゼムクリップや、塗料がいろいろ塗ってあってもくっつくことをみんなで試してみます。

**②「磁石で確かめましょう」**

アルミ缶は磁石にくっつかないけれど、スチール缶は磁石にくっつくことが確かめられます。

**③「色を比べてみましょう」**

スチール缶の塗料を紙ヤスリではがして、鉄の色を見ます。アルミ缶の塗料も紙ヤスリではがして、スチール缶と比べます。

**④「やったことをノートに書きましょう」**

<子どものノートの例>

きょう、生活科で、いろが ぬってあっても かんは じしゃくにくっつくか やりました。水の中でも ゼムクリップはくっついたので、だいじょうぶ と思いました。

そうしたら、スチールかんだけ くっつきました。アルミかんは くっつきませんでした。それは、スチールかんが てつだからです。それで、ぬってあるのを はがしました。紙やすりで こすりました。スチールかんは ぎんいろで アルミかんは すこし白かったです。

## 校庭の鉄さがし（6、7時間目）

**●ねらい**

校庭には鉄でできているいろいろなものがある。

**●必要なもの**

磁石、磁石を入れるチャック付きのビニール袋（各人数分）

### ＜展開＞

**①「校庭で鉄でできているものをさがしてみよう」**

磁石とビニール袋を渡し、磁石をビニール袋に入れて使うことを説明します。これは、磁石が汚れると掃除が大変であるためです。これまでの授業での体験を振り返り、磁石をビニール袋に入れても、鉄でできているものをさがせることを確認します。

**②「校庭で探してみよう」**

校庭に出て、鉄でできているものをさがします。

**③「見つけたものを発表してください」**

校庭で見つけた、磁石にくっついた鉄でできているものを発表し合います。

**④「やったことをノートに書きましょう」**

＜子どものノートの例＞

きょう、外でじしゃくに くっつくものさがしを しました。うんていも 光っているところは 一つもないけれど、じしゃくで やってみたら くっつきました。かだんのさくも くっつきました。げんかんの はしらも、てつぼうも くっつきました。てつで できているものが たくさんありました。もっと いろいろなものを しらべてみたいです。

## 家庭学習

台所の「鉄さがし」をやってみるようにすすめます。

「しぜんのたより」の１つとしてさがしてきたものの紹介をさせてもよいでしょう。

# 5 おもちゃづくり

## （1）こいのぼりをつくろう

### 単元のねらい

ピカピカの１年生は、勉強するんだという思いで、入学してきます。そんな子どもたちに、なるべく早い時期から、学校はみんなで学び合うところだということを教えたいと思います。

この単元では、みんなでつくり上げる楽しさ、すばらしさを感じとらせる目的も持っています。最近、集中力が持続しない子、社会性の育っていない子が多くなってきているといわれます。みんなで、１つのことに取り組むことで、夢中になれる機会にしたいとも思います。

また、こいのぼりづくりでは、実物のコイやキンギョから、魚のからだのつくりや動き方を観察します。そして、それを思い出しながらこいのぼりをつくるようにします。こいのぼりが風にのって動くのを見たら、大きなコイが水の中を泳いでいるのを想像するのではないでしょうか。

### 学習内容

❶コイやキンギョのからだには、口、目、ひれ、尾、うろこなどがある。
❷コイやキンギョは、口をぱくぱくしたり、からだをくねらせたりして泳ぐ。
❸紙でコイの形（こいのぼり）をつくると、風で泳ぐ。

### 教材

❶コイやキンギョには、からだに口、目、ひれ、尾、うろこがある。
❷コイやキンギョのからだにさわると、はげしくからだをくねらせて泳ぐ。
❸コイやキンギョにえさをやると口を大きく開けて、パクッと食べる。
❹紙でコイの形をつくり、うろこを貼るとこいのぼりができる。

### 指導計画 （８時間）

❶コイやキンギョの観察（２時間）
❷こいのぼりづくり（２＋２時間）
❸こいのぼりをあげる（２時間）

## 学習の展開

### コイやキンギョの観察（1、2時間目）

**●ねらい**

コイやキンギョのからだには、口、目、ひれ、尾、うろこなどがある。コイやキンギョはからだをくねらせて動き、口を大きく開けてえさを食べる。

**●必要なもの**

コイやキンギョ（グループ数、コイは 10*cm* くらいのものでよいので購入して見せたい）、大きな水そう、えさ

**＜展開＞**

**①「コイやキンギョのからだには、何があるかな？」**

目、口、しっぽなどと、言わせます。「あごのようなところ、動いているよ」などという発言もよいです（「えらぶた」と教えます）。

**②「さわってもいいよ。どんな動き方をしているかな？」**

「尾っぽをふったよ」「口をパクパクしてるよ」など、気づいたことを自由に言わせます。えさもやってみましょう。

**③「コイやキンギョの絵を描こう」**

コイやキンギョを観察し、からだに何があるか、何をしているかなど、見つけたことを人に説明ができるよう、絵を描かせます。

**④「描けた子からここ(教師のところ)にもってきて話をしてください」**

子どもが話したことを、教師が絵のわきに書いてあげます。

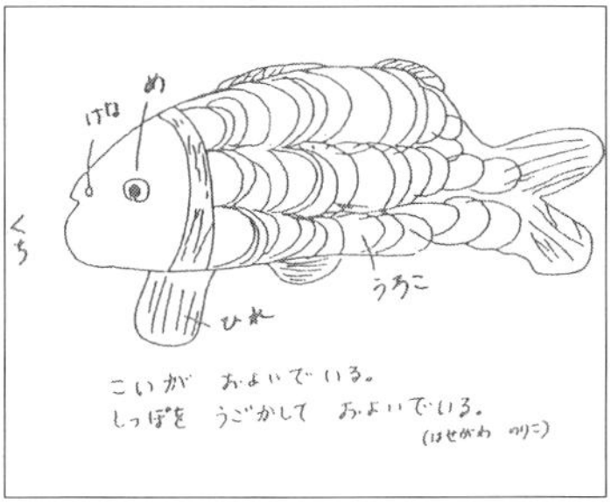


次々と子どもたちが来て、並ぶようになったら、教師に話していることがわかるように、ぐるっと取り囲むように並ばせます。そうすれば、どの子も友だちの発表を聞くことができます。

## こいのぼりづくり（3、4時間目）

**●ねらい**

紙でうろこをつくって貼るとコイの形ができる。

**●準備**

４*m* ほどの障子紙を４枚貼り合わせたもの、うろこ用の障子紙（ハガキの２倍大、児童数×２）、はさみ、クレヨン、小麦粉のり（小麦粉を水にといてなべで熱するとできる。添加物なしなのでなめても安全）、目をつくる色画用紙（赤い大きな円形のものとその中に入る黒い円形のもの）

### ＜こいのぼりのつくり方＞

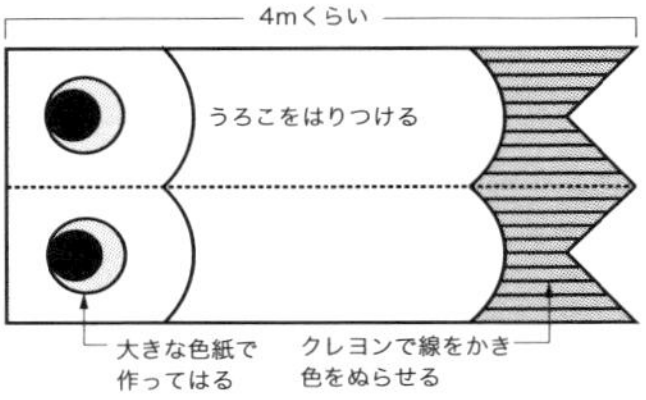


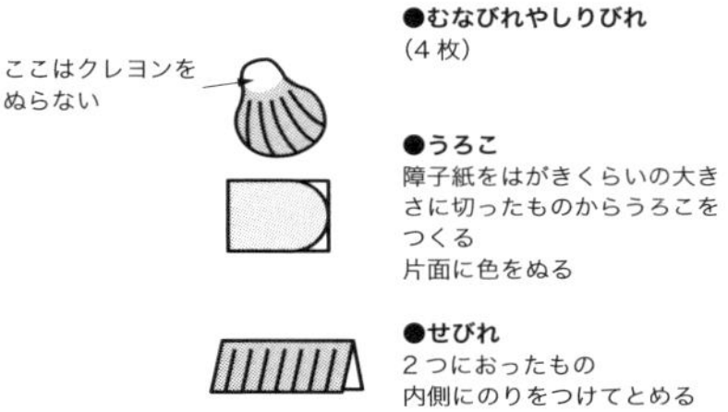


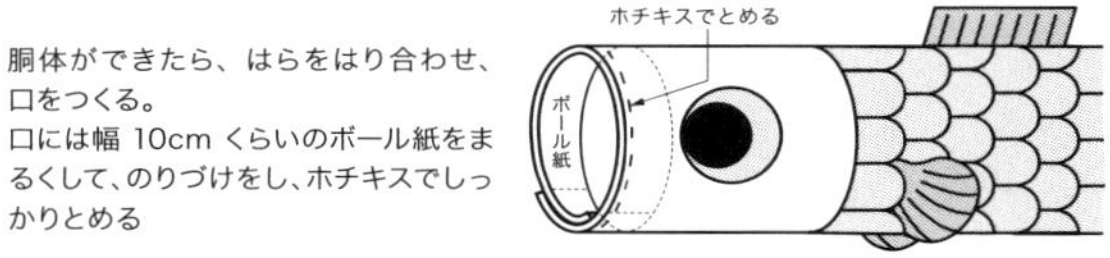

胴体ができたら、はらをはり合わせ、口をつくる。
口には幅 10cm くらいのボール紙をまるくして、のりづけをし、ホチキスでしっかりとめる
ホチキスでとめる
ボール紙


＊この時間は、うろこを取り付けられるところまでやる。

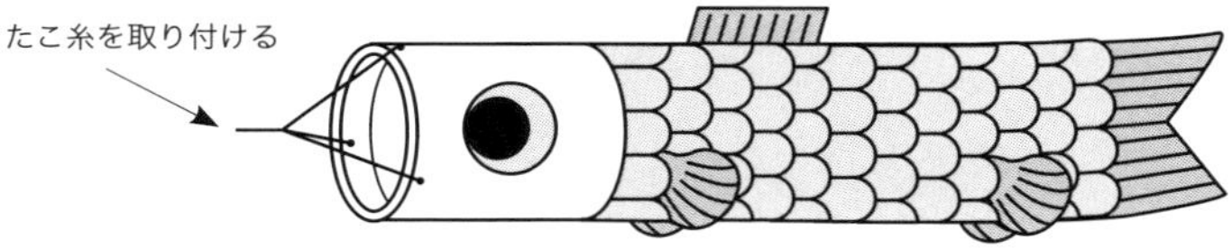


### ＜展開＞

**①「きょうからこいのぼりをつくります」**

障子紙を貼り合わせたものを見せて、この大きさのこいのぼりをつくることを説明します。

**②「ここは、頭です」**

クレヨンで頭の区切りをつける線を教師が描き入れます。目を付けておきましょう（目玉用の色画用紙をのりで貼り付ける）。

### ③「頭の反対側には何がありますか？」

「尾っぽ、しりびれ……」。子どもたちが口々に言うのを聞いたあとで、しりびれの区切りをクレヨンで描き入れます。

### ④「胴体の部分に、みんなでうろこをつくって貼りましょう」

うろこ用の紙を渡し、うろこのつくり方を説明します。紙のむだを少なくするように大きく切り取るように話します。片面だけ好きな色にうろこを塗る（もう片面はのりづけをするので色を塗らない）ことを教えます。

うろこができたら、しっぽのほうから、前に貼ったものに少しずつ重なるように貼っていきます。この時間は、未完成で終わらせます。

## こいのぼりづくり（5、6時間目）

**●ねらい**

口やひれや尾を取り付けるといっそうコイらしく、こいのぼりになる。

**●必要なもの**

前の時間でつくりかけになっているこいのぼり。せびれやむなびれ、しりびれ用の障子紙、口をつくるボール紙、たこ糸（太めのもの約2*m*)、うろこ用の障子紙、クレヨン、はさみ、ホチキス、小麦粉のり

**<展開>**

### ①「つづけて、うろこをつくりましょう」

だいぶこいのぼりらしくなってきた作品に、うろこを全部つけます。

### ②「うろこができると、でき上がりかな？」

「ひれがないよ」、「しっぽの形がわるいよ」などの発言をうけて、せびれとむなびれ、しりびれのつくり方を教えます。何人かにひれをつくらせます。

### ③「おなかを貼り合わて、尾をつくろう」

おなかを貼り合わせた後、「尾をつくるよ」と言って、はさみで尾びれ

らしく切り取る。尾びれに黒い線をクレヨンで描き、白い部分に色を塗らせます。

④「最後に、大きな口があくように、口をつくろう」

幅 10cm くらいのボール紙を丸くなるように口に貼り付け、ホチキスでとめます。この口に、たこ糸を取り付けます。

でき上がったこいのぼりは、汚れたり傷ついたりしない場所に干しておきます。

### こいのぼりをあげる（7、8時間目）

**●ねらい**

こいのぼりを高い所にあげると、風にのって泳ぐ。

**●必要なもの**

つくったこいのぼり、こいのぼりをあげるさお（掲揚塔）、絵を描く画用紙（人数分）

**＜展開＞**

①「こいのぼりをあげよう！」

掲揚塔のひもに、こいのぼりのたこ糸をしっかりむすびつけて引き上げます。

②「こいのぼりが、風にのって泳いでいます」

きっと歓声があがるでしょう。こいのぼりの歌を歌うのもよいですね。

③「こいのぼりが泳いでいるところを絵に描きましょう」

でき上がった絵は、教室に貼ってたのしみます。

## （2）紙がくるくる

**単元のねらい**

1年生の子どもたちの中には、はさみを上手に扱えない子、のりを必要以上に出してべとべとにして紙を貼ろうとする子などがいます。はさみやセロハンテープ、その他の道具を使って、工作活動を楽しみながら行ない、手先の器用な子どもに育ってほしいと思います。
「紙がくるくる」は、普段よく使っている１枚の紙を回転させて楽しむおもちゃづくりです。切り方や形、羽根をつくるなど、工夫することによって横や縦に回転する、らせん状に回る、回りながら飛んでいくなど、おもしろい発見をさせたいところです。
つくって、遊んで、またつくる、その活動を通して工夫する楽しさを味わわせます。子どもたちは、楽しみながら活動することを通して、羽根の付け方や空気の当たり方を変えることによってとび方や回り方が変化する原理を感じ取るでしょう。
児童は、身の回りの自然の様子について、見つけたこと、気がついたことなどをクラスのみんなの前で発表する活動を行なってくると、みんなの前で話をすることができるようになります。しかしまだ、自分が伝えたいことを文章に書く活動はほとんど行なっていません。ひらがなの学習をしているときなので、書ける子には「やったこと」を文章に書く活動を取り入れて、事実をくわしく書く力を伸ばしていくようにしたいと思います。

### 学習内容

❶紙を細長い形に切るとよく回りながら落ちる。
❷羽根をつくり、おもりをつけるとよく回転する。

### 教材

❶長方形の紙を横にして落とすとよく回りながら落ちる。
❷長方形の紙２枚を貼り合わせて両端を折り曲げ、中央を折り開くようにして落とすと、３つの輪ができたように回転して落ちる。
❸長方形の紙の端を斜めに折ると縦に回りながら落ちる。
❹羽根をつくり、おもりをつけると落下しながらよく回転する（紙コプター）。
❺ストローに工作用紙の羽根をつけると高く遠くに回転しながら飛ぶ（紙トンボ）。

### 指導計画（６時間）

❶長方形の紙を回そう（１時間）
❷２枚貼り合わせて、回るものをつくろう（１時間）
❸縦にして落としても回るものをつくろう（１時間）
❹紙コプターをつくろう（１時間）
❺紙トンボをつくろう（２時間）

## 学習の展開

### 長方形の紙を回そう（１時間目）

**●ねらい**

細い長方形の紙は回転しながら落ちる。

**●必要なもの**

B5 サイズの更紙や画用紙（人数分の２倍ほど）、はさみ

**＜展開＞**

#### ①「紙がくるくる落ちていきます」

B5 サイズの紙を横長にして、約３*cm* に切ったものを黙って落として見せます。紙がくるくる回転しながら落ちるのがわかります。

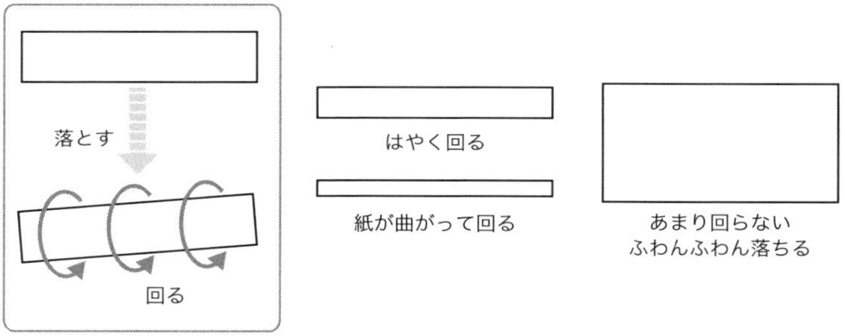


#### ②「みんなもやってみる？」

B5 サイズの紙を子どもたちに配り、自分たちで試させます。

#### ③「回り方の違うものをつくったら教えてね」

いろいろな紙の大きさや、落とし方を試させて、気づいたことをみんなに紹介します。「大きい紙はふわっと落ちる」「小さい紙は速く回る」などの発見があります。友だちの発見を聞いて、まねをしてもよいことを知らせ、紙の形を工夫しながら遊ばせます。

## ④「できた作品と落ち方を絵で描いてみましょう」

絵が描き終わったら、教師に説明をさせます。教師は聞き取った内容を、絵のそばに書き添えます。

**■回転するいろいろな形（子どもの作品）**

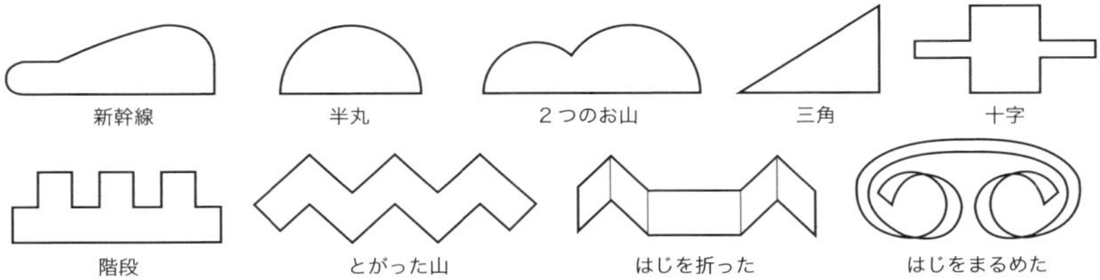


## 2枚貼り合わせて、回るものをつくろう（2時間目）

**●ねらい**

長方形の紙を２枚貼り合わせて回転させると輪ができる。

**●準備**

見本をつくっておく。

**●必要なもの**

B5 サイズの画用紙（人数分の２倍ほど）、はさみ、セロハンテープ

### <展開>

## ①「２枚を貼り合わせて落としてみると……」

前の時間に、２枚貼り合わせたものをつくっていた子がいたら、その作品を紹介します。いない場合は、教師がつくったものを見せます。

見本の作品を見せて、「２枚貼り合わせて回るものをつくろう」となげかけ、B5 サイズの画用紙を配ります。

## ②「みんなも工夫してみましょう」

自分で工夫したものをつくらせます（次ページ参照）。

## ③「やったことを絵と文でノートに書きましょう」

＜子どものノートの例＞
かみおとしをしました。かいてんと、空中でころがっていました。さかなのかたちとか、サメみたいなかたちをつくりました。空中でころがっておもしろかったです。

■子どもの作品

## たてにして落としても回るものをつくろう（3時間目）

●ねらい
長方形の紙の折り方を工夫すると、縦に落ちながら回転するものになる。
●必要なもの
B5サイズの広告紙（または、画用紙。児童数の2倍ほど）、クリップ、はさみ、セロハンテープ、見本作品

### ＜展開＞

### ①「どうしたらたてに落としても回るのでしょうか」

B5サイズの広告紙（画用紙）のせまいほうを幅3*cm*ほどに切ったものを見せて、「どうしたら縦に落としても回るかしら」と問いかけます。

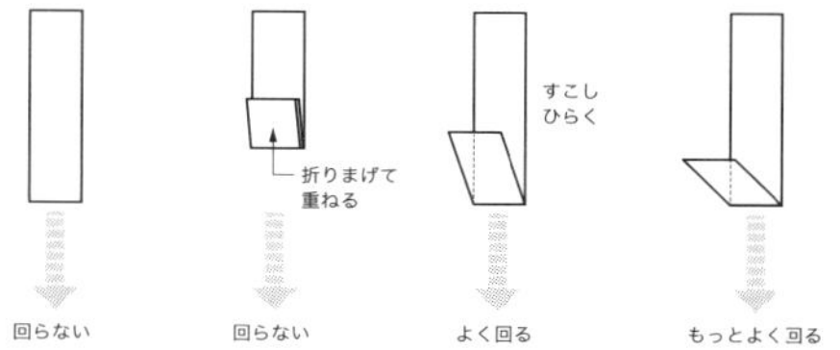


子どもから考えが出ないときは、紙の下をななめに少し折って落として見せます。

### ②「みんなも工夫してみましょう」

B5サイズの広告紙（画用紙）を配ります。教卓にはクリップを置いておき、ほしい子にはわたします。クリップをおもりにする子がいたり、羽根の形をつくっている子がいたらみんなに紹介します。

## ③「やったことを絵と文で書きましょう」

**■子どもの作品**

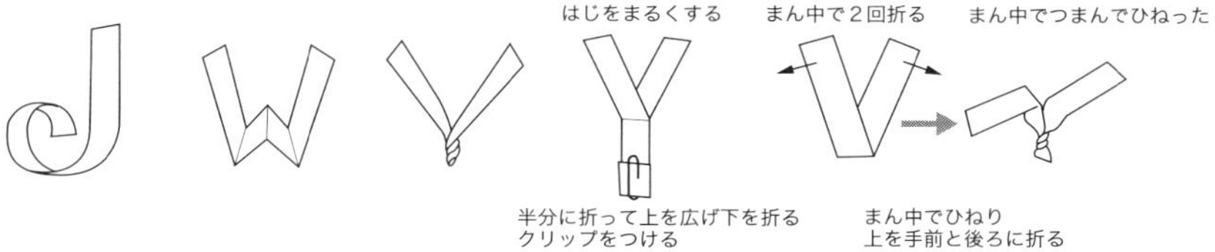


## 紙コプターをつくろう（４時間目）

**●ねらい**

広い羽根をつけ、おもりをつけるとよく回転して落ちるものになる。

**●必要なもの**

はがき大の画用紙、クリップ、洗濯ばさみ、見本の作品

**<展開>**

### ①「きょうは、紙コプターをつくろう」

前の時間に「羽根」をつくっていた子がいたら、その作品を紹介し、みんなで、羽根付きの紙コプターをつくります。

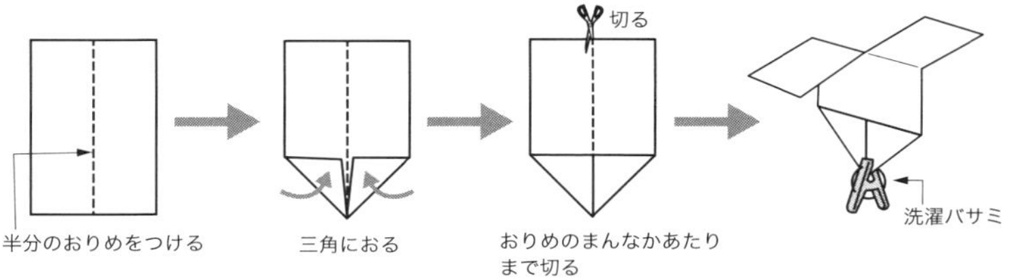


### ②「もっとよく回るものや、回り方のおもしろいものをつくろう」

自由に形をアレンジしてつくって遊びます。

羽根の工夫をしたり、おもりをつけるとよく回ることを発見したりした子がいたら、紹介します。

### ③「やったことを絵と文でノートに書きましょう」

## 紙トンボをつくろう（5・6時間目）

●ねらい

ストローに紙の羽根をつけると、竹トンボのようにとぶ。

●必要なもの

10*cm* 四方の工作用紙（人数の2倍）、太いストロー（人数の5倍ほど）、セロハンテープ、見本作品

### ＜展開＞

**①「回りながらとぶものをつくろう」**

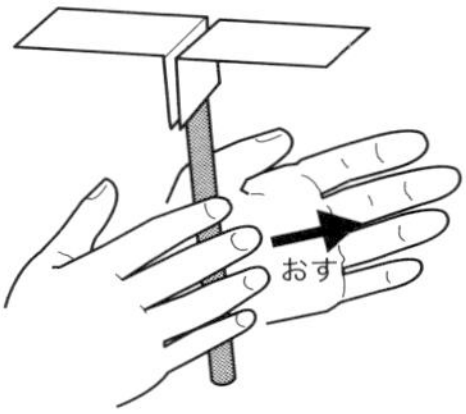


見本の紙トンボをとばして見せます。「つくってみたい？」と聞いて、材料を配り、つくり方を教えます。

とばし方は、「手の滑走路から、そっと出発させるんだよ」と教えます。

**②「なるべく高くとぶものをつくろう」**

ストローを短くしたり、逆さにしたり、羽根の数を増やしたり、羽根の大きさを変えたり、形の工夫があったらみんなに紹介させます。誰が遠くまで、または高くとばせるか競争して遊びます。

**③「やったことを絵と文でノートに書きましょう」**

### ＜紙トンボのつくり方＞

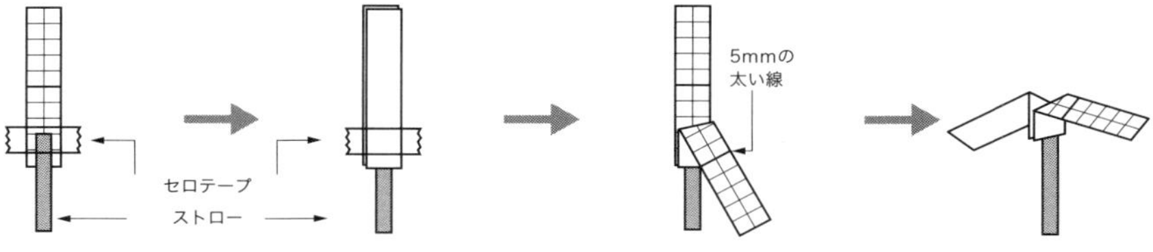


① 2*cm*×10*cm* の工作用紙の羽根1枚を下から2*cm* までストローでつぶしてテープでしっかりとめる。

②もう1枚の羽根を①にかぶせるように貼る。

③ストローの右端に5*cm* の線の左端がくっつくように折る。

④ひっくり返してもう1枚も同様に折る。

## （3）こまづくり

### 単元のねらい

今の子どもたちは、自分の手や頭を使って、ものに働きかけるという経験が不足しています。そのため、身の回りのものを材料に動くおもちゃを工夫してつくる力が育っていません。こまは、身近な材料で簡単につくることができ、つくったこまで友だちと一緒に遊ぶことができます。そして、「軸が中心にあって、重さ（重心）が下のほうにあると長く、静かに回る」というこまの特徴を知れば、静かに長く回るこまを工夫してつくったり、うまく回らないときにはその原因を考え、つくりかえることができるようになります。

こまづくりの良さは、紙１枚で簡単につくれるこまから、軸止めの重要性や、中心見つけなどを学びながら、つくりかえる学習が展開できることです。この学習を通して、自分で材料を見つけ、いろいろなものをこまにしたり、長く静かに回る自分のこまをつくって、友だちと遊び、楽しむことができます。

### 学習内容

❶回転するものの中心に軸をつくるとこまになる。
❷こまの中心に軸を固定すると長く静かに回る。

### 教材

❶正方形の紙の中心をとがらせるとこまになる。
❷正方形の紙の中心にストローの軸をつけるとこまがよく回る。
❸工作用紙で円盤をつくり、中心にようじや竹串を通すとこまになる。
❹紙皿の中心を見つけ竹串を通すとこまになる。
❺ペットボトルのキャップの中心にようじを通すとこまになる。
❻入れものの丸いふたやカップ・CD なども軸をつけるとこまになる。

### 指導計画（10 時間）

❶紙ごまをつくろう（２時間）
❷円ばんごまをつくろう（３時間）
❸いろいろな大きさの円ばんごまをつくろう（１時間）
❹紙皿ごまをつくろう（１時間）
❺キャップごまをつくろう（２時間）
❻いろいろなこまをつくろう（１時間）

## 学習の展開

### 紙ごまをつくろう（1、2時間目）

**●ねらい**

正方形の紙の中心をとがらせると、こまができる。

正方形の紙の中心にストローの軸をつけるとこまがよく回る。

**●必要なもの**

印刷用画用紙４分の１サイズ（人数分×２以上）、ストロー（人数分）、はさみ、セロハンテープ

**＜展開＞**

#### ①「これでこまができるよ」

あらかじめ長方形に切った画用紙を見せます。それを正方形に切り取って、指で回して見せます。

#### ②「みんなでつくって回してみよう」

ストローの軸をつけたら、友だちと回す競争をして遊びましょう。

#### ③「やったことを絵と文で書きましょう」

＜子どものノートの例＞

かみごまをつくりました。かみを三かくにおって、ひらいてまた三かくにおってとんがりをつくりました。ゆびでまわしたら、まわりました。ストローでじくをつくりました。ストローのさきをきって、セロテープでかみにつけました。じくをもってまわしたら、よくまわりました。

**＜紙ごまのつくり方＞**

①

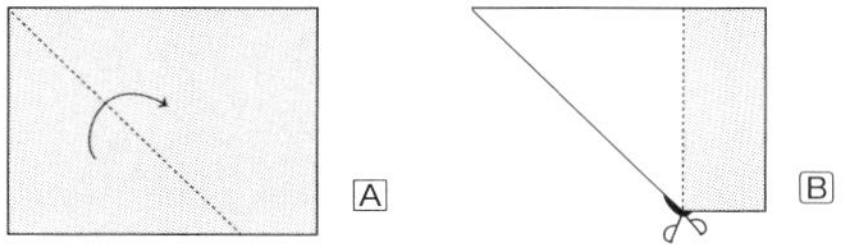


①長方形の画用紙を三角に折り（A）、あまりをはさみで切り（B）、正方形にする。

②

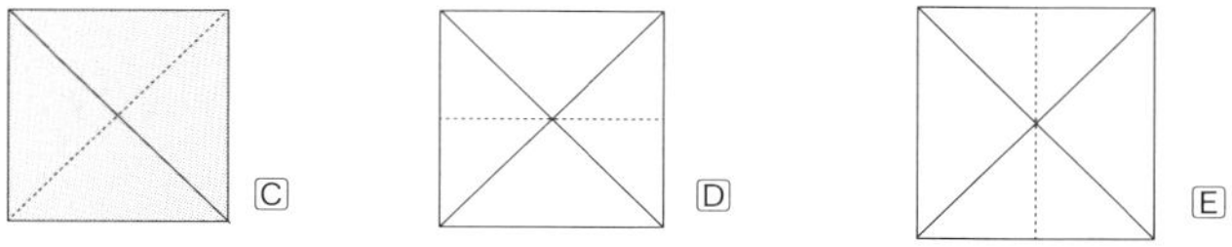

②正方形になった紙をもう一度三角に折り（Ⓒ）、開いて、裏返してもう一度対角線ごとに折る（ⒹⒺ）。

③

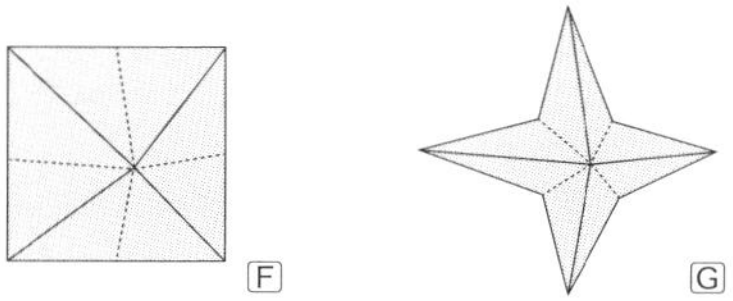

③裏返して真ん中をへこませ（Ⓕ）、すぼめ（Ⓖ）十字に折り紙の中心をとがらせる。

④

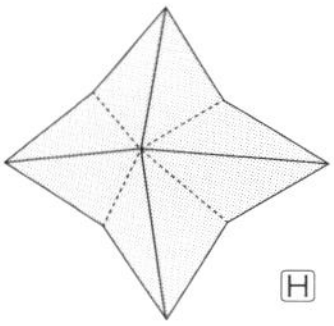

④開いて、指で回す。
しばらく自分で回したり、友だちと回す競争をしたりする。よりよく回す工夫を見つける。
　消しゴムを使って回すとよく回ることを教師がやってみせる。

⑤

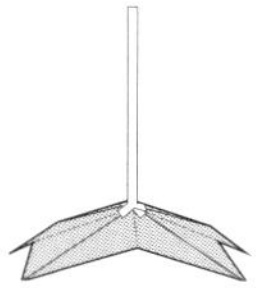

⑤もっとよく回すために、軸をつける。ストローを半分の長さに切る。その先を１cmほど縦に半分に切って、さらに縦に半分に切る。切ったところを開いて、紙ごまの中心に軸になるようにセロハンテープでつける。

## 円ばんごまをつくろう（3、4、5時間目）

**●ねらい**

紙コンパスを使い、円盤形こまをつくる。

**●必要なもの**

工作用紙、紙コンパス、画びょう、段ボール板、ようじ、はさみ、セロハンテープ

### ＜展開＞

### ①「紙ごまを回したとき、どんな形に見えましたか？」

「まる」の形だったことを思い出させます。そして、「今日は丸い形を紙でつくって、こまにしよう」と提起します。

### ②「丸を描いてみましょう」

紙コンパスの使い方を教えます。

■紙コンパス

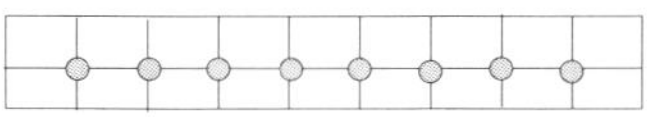

### ③「円ばんごまをつくってみましょう」

半径２cm の円を描き、切り取り、円盤の中心にようじをさして、こまにします。

### ④「できたこまで遊びましょう」

遊んでいるうちに軸がゆるんで回らなくなります。そうしたら、セロハンテープで軸を固定したり、円盤をもっとつくって重ね合わせていくと軸が固定されよく回ることに気づきます。

### ⑥「やったことを絵と文で書いてみましょう」

**<円ばんごまのつくり方>**

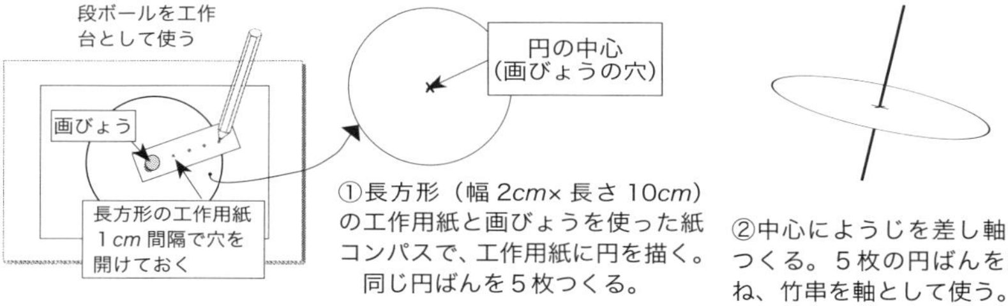


①長方形（幅 2cm× 長さ 10cm）の工作用紙と画びょうを使った紙コンパスで、工作用紙に円を描く。同じ円ばんを５枚つくる。

②中心にようじを差し軸をつくる。５枚の円ばんを重ね、竹串を軸として使う。

## いろいろな大きさの円ばんごまをつくろう（５時間目）

**●ねらい**

竹串を軸にした大きいこまをつくる。

軸を固定すると長く回るようになる。

**●必要なもの**

工作用紙、紙コンパス、画びょう、段ボール板、ようじ、竹串、はさみ、セロハンテープ

**<展開>**

### ①「紙コンパスを使って、前の時間より大きい円盤をつくりましょう」

### ②「ようじでは軸が短いときは竹串を使います」

軸の固定は、工作用紙を１辺２cm の正方形に切ったものを軸にさし、

円盤に貼っていきます。何枚か重ねるとしっかり固定されます。大きさの違う円盤を重ねてもよいです。

### ③「回してみましょう」

軸が竹串のこまは、軸を両手ではさみ、手をこすり合わせるようにして回します。

### ④「できたこまで遊びましょう」

友だちと競争をして、チャンピオンを決めましょう。

### ⑤「やったことを絵と文で書きましょう」

<子どものノートの例>

このまえより、大きいこまをつくりました。かみコンパスで、えんばんをつくりました。じくは、たけぐしにしました。じくがうごくので、じくどめをつけました。3まいつけたら、じくがうごかなくなりました。手でじくをはさんでまわしたら、よくまわりました。たくさんまわしたら、またじくがうごいたので、もっとじくどめをつけました。また、よくまわりました。たけぐしの先をきったらもっとよくまわりました。だれのこまが、ながくまわるかきょうそうしました。たくみくんがチャンピオンになりました。

## 紙皿ごまをつくろう（7時間目）

**●ねらい**

紙皿の中心の見つけ方を知り、中心に軸を通してこまをつくる。

**●必要なもの**

紙皿、竹串、更紙、工作用紙（軸止め用）、画びょう、セロハンテープ、はさみ

**<展開>**

### ①「この紙皿がこまになるでしょうか？」

紙皿を見せ、こまにできるか問う。中心を見つけることを確認する。

### ②「紙皿でこまをつくってみましょう」

## ③「できたこまで遊びましょう」

よく回らないときは、軸が固定されているか、軸は中心にあるか、皿に対して軸が垂直になっているかなどを調べながら、工夫する。

## ④「やったことを絵と文で書きましょう」

### ＜紙皿ごまのつくり方＞

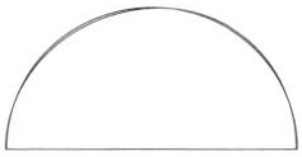

①紙皿を半分に折る。

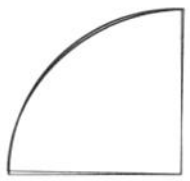

②もう一度半分に折る。

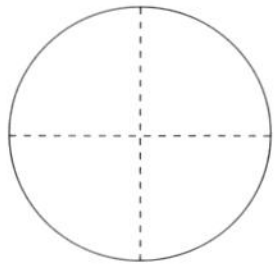

③４つに折った紙を開き、折り目の交差している点を目安に、紙皿の中心を見つける。

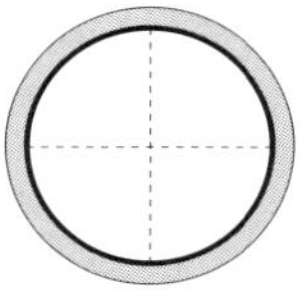

④紙皿の少しへこんでいるところに線をつけておき、更紙を紙皿に貼る。

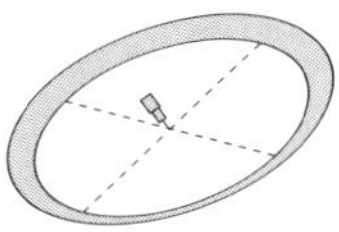

⑤紙皿の中心に、画びょうで穴を開ける。

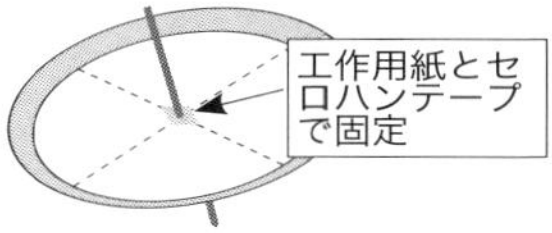


⑥⑤で開けた穴に竹串を通し、工作用紙（１辺２*cm* の正方形に切ったもの）で軸をとめる。竹串もセロハンテープで固定しておく。

## キャップごまをつくろう（８、９時間目）

**●ねらい**

ペットボトルのキャップでこまをつくる（紙以外のものも材料になる）

**●必要なもの**

ペットボトルのキャップ（目打ちで穴が開けられるもの）、ようじ、目打ち

### ＜展開＞

## ①「ペットボトルのキャップがこまになるでしょうか？」

ペットボトルのキャップを見せながら、質問します。

## ②「こまをつくってみましょう」

キャップの中心に目打ちで穴を開け、ようじを通してつくります。

③「できたこまで遊びましょう」

④「オリジナルキャップごまをつくりましょう」

キャップを２個にしたり、キャップの下に円盤をつけたり、キャップの中に粘土を入れたり工夫します。今までの学習を活かすよう促します。

⑤「工夫したこまの発表会」

発表会は、みんなで輪になり１人ずつ自分が工夫したことなどを話し、回すような形が考えられる。

⑥「やったことを絵と文で書きましょう」

＜子どものノートの例＞
ペットボトルのキャップでこまを作りました。キャップのまん中へんにあなをあけました。あなは、目うちであけました。ようじをじくにしました。まわしたらとてもよくまわりました。わたしは、もう一つキャップをさかさにしてつけました。まわしたらさっきよりもっとよくまわりました。はっぴょうかいで、みんなにしょうかいしました。

## いろいろなこまをつくろう（10時間目）

**●ねらい**

身の回りのいろいろなもので、こまをつくる。

**●必要なもの**

各自で材料を用意する。目打ち、画びょう、中心見つけの用紙など

**＜展開＞**

①「持ち寄ったものを材料にしてこまをつくってみましょう」

自分のつくりたいこまをつくります。

②「みんなで発表し合いましょう」

**＜こまの例＞**

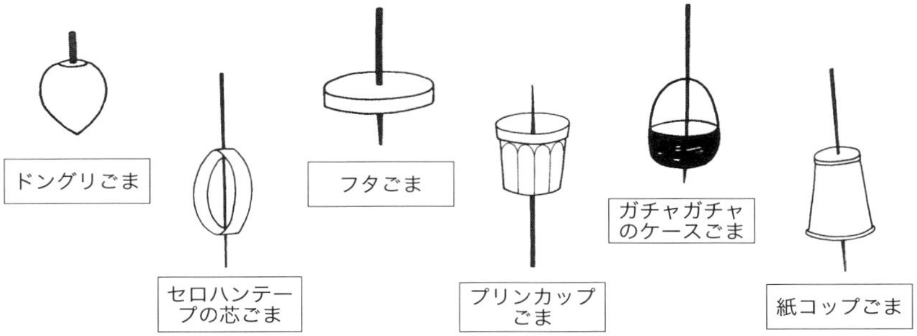


## （4）風で動くおもちゃ

**単元のねらい**

風とは空気の動きであり、身の回りで起こる現象です。子どもたちも外遊びをするなかで、「からだが風に押される」という感覚は知っています。

昔から子どもたちの遊びの中には、たこ揚げや風車など、風を使った遊びがあります。その経験を通して、風をからだで感じることができます。

たこ揚げでは、「風が吹かなければ自分で走って風をおこそう」と考える子どもも出てくることでしょう。また、たこ揚げは“お正月遊び”や“昔遊び”として扱うこともできます。

帆かけぶねや風車づくりでは、風を受けて動くものには「帆」や「羽根」の大切さに気づかせていきます。子どもたちは「帆」や「羽根」の大きさや形を工夫し、試行錯誤しながらよりよく風を受けて動くおもちゃをつくっていきます。

いろいろな形のおもちゃをつくる経験を積み重ねることで、子どもたちは「違う材料でもつくってみたい」という意欲を高めていきます。まとめの活動として行なう「好きな材料を使って、風をうけて動くおもちゃをつくる」ではさまざまなおもちゃができ上がることでしょう。

材料は低学年の子どもにも加工しやすい紙を主に使用することで、子どもの思いを反映しやすくします。手を動かして工作活動をする中で子どもたちの考える力は養われていきます。また、きりやセロハンテープ、はさみなどの道具を使って工作することで巧緻性を養うこともできます。

**学習内容**

❶風をうける「羽根」をつくると風で動くものになる。
❷つくるものに適した材料がある。

**教材**

❶たこをつくって揚げると、風を手で感じられる。
❷紙を折って風が当たる「帆」をつけると、よく動く舟になる。
❸正方形の紙の端を折り、風車の「羽根」をつくるとよく回る。
❹長方形の紙を折って風車の「羽根」をつくるとよく回る。
❺図面通りに工作用紙を切ると同じ形を何枚もつくることができる。
❻紙コップで「羽根」をつくるとよく回る。
❼材料を使っても、風をうけて動くおもちゃをつくれる。

**学習の展開（８時間）**

❶たこ揚げをしよう（２時間）
❷風で動く舟（帆かけぶね）をつくろう（１時間）
❸正方形の風車をつくろう（１時間）
❹長方形の風車をつくろう（１時間）
❺紙コップで風車をつくろう（１時間）
❻わたしだけの風で動くおもちゃ（２時間）

## 学習の展開

### たこ揚げをしよう（1、2時間目）

**●ねらい**

たこをつくって揚げ、風の力を感じる。

**●必要なもの**

ポリ袋、竹ひご、たこ糸、セロハンテープ（すべて人数分）

**<展開>**

①「ビニールだこをつくりましょう」

②「たこ揚げをしましょう」

たこを持って校庭へ出ると、「風が吹いているね」という言葉が子どもたちから自然と出てきます。また、「風が吹いていないときは走って自分で風を起こせばいい」と考える子どももいるでしょう。

たっぷりたこ揚げの時間を確保しておくと、子ども同士で教え合いや競争をしながら、どんどん上手にたこが揚げられるようになります。

風をからだで感じながらたこ揚げをします。

**<たこのつくり方>**

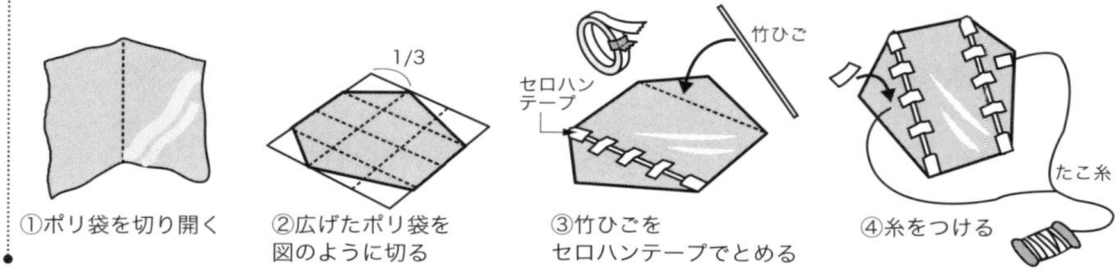
1/3
竹ひご
セロハンテープ
たこ糸
①ポリ袋を切り開く
②広げたポリ袋を図のように切る
③竹ひごをセロハンテープでとめる
④糸をつける

## 風で動く舟（帆かけぶね）をつくろう（3時間目）

**●ねらい**

紙を折って風が当たる「帆」をつけてよく動く舟になる。

**●必要なもの**

画用紙、セロハンテープ、はさみ

**<展開>**

### ①「机上の紙を手をふれずに動かす方法を考えてみましょう」

机の上に紙を置き、手を背中で組んだ状態で紙を動かす方法を考えさせます。「息を吹きかければいいんだ！」と子どもたちは気づきます。

### ②「吹いたときよりよく動くように紙に工夫しましょう」

紙を折って、風のあたる帆をつくるとよく動くようになることに気づかせます。

### ③「帆かけぶねをつくりましょう」

右図のように帆かけぶねの基本形のつくり方を教えます。

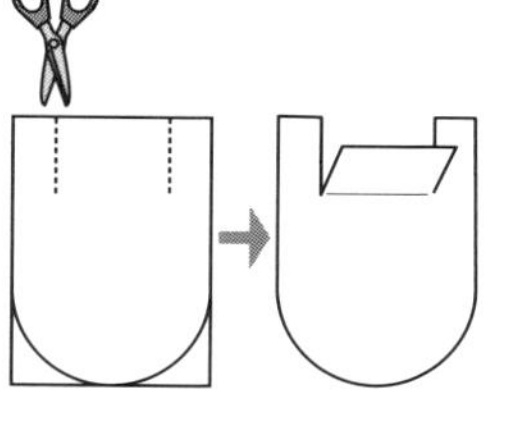

### ④「自分の帆かけぶねを工夫してつくってみましょう」

「帆」の部分を工夫して自分の帆かけぶねをつくります。帆だけでなく船の先端の形も工夫するとよく進むだろうと考える子どももいます。

**＜作品の例＞**

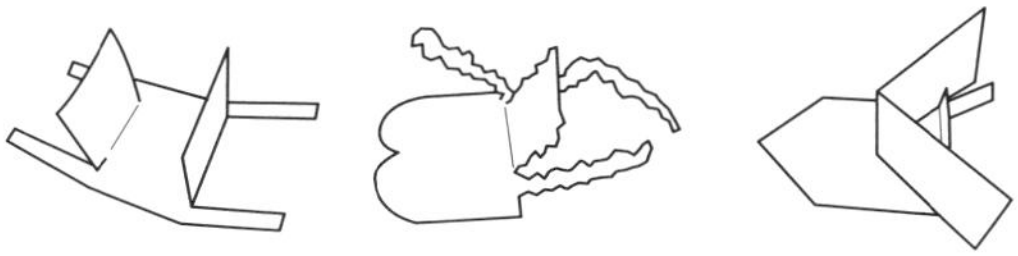

## 正方形の風車をつくろう（4時間目）

**●ねらい**

正方形の紙の端を折り、風車の「羽根」をつくるとよく回る。

**●必要なもの**

工作用紙、セロハンテープ、はさみ、ストロー、竹串

**＜展開＞**

### ①「基本の5㎝四方の正方形の風車をつくってみましょう」

指で角を押さえて息を吹きかけるとくるくる回ります。

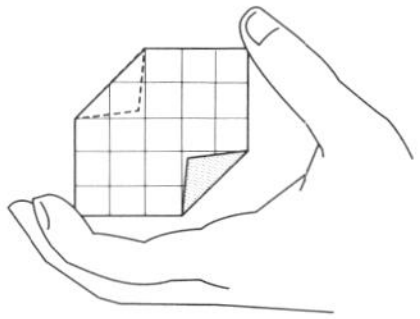

### ②「基本の10㎝四方の正方形の風車をみんなでつくってみましょう」

片手で持って回す方法を考えます。

軸は、ストローと竹串でつくります。

ストローをセロハンテープでとめ、竹串をさします。竹串を持って息を吹きかけると回ります。

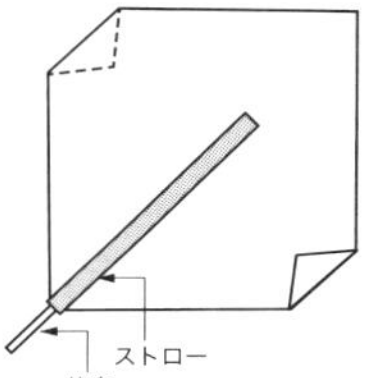


### ③「軸をつけた自分の風車をつくりましょう」

紙の切り方や折り方などを工夫し、自分の風車をつくります。

## 長方形の風車をつくろう（５時間目）

**●ねらい**

長方形の紙を折って風車の「羽根」をつくるとよく回る。

**●必要なもの**

画用紙、セロハンテープ、両面テープ、ストロー、竹串、段ボール

### ＜展開＞

**①「基本の４枚羽根の風車を見て、みんなでつくりましょう」**

はさみは使わずに羽根を工夫した自分の風車をつくらせましょう。

教師からの指定の長方形の紙（画用紙４分の１程度の大きさ）のみを使うので、はさみは使いません。紙の折り方や枚数、軸への付け方を工夫してつくります。

### ＜長方形の風車のつくり方＞

①

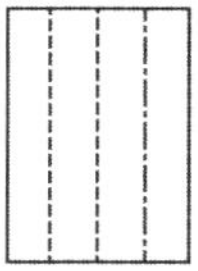

-------- は山折り、
-・-・-・- は谷折りにし、基本の４枚羽根を２組つくります。

②

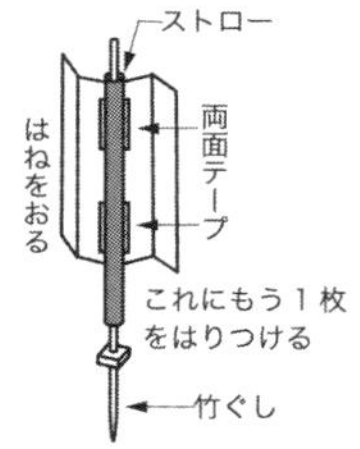


２組の羽根を両面テープでストローに貼ります。

③

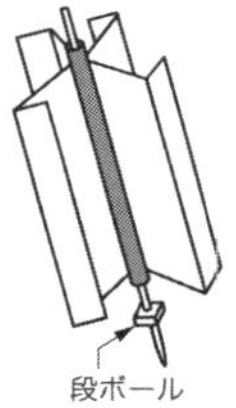


羽根の折る向きをよく回るように調整します。

＊軸の竹串に段ボール型をつけておくと、風車の上部が固定され、手に当たらないので遊びやすいです。

### ＜子どもの作品の例＞

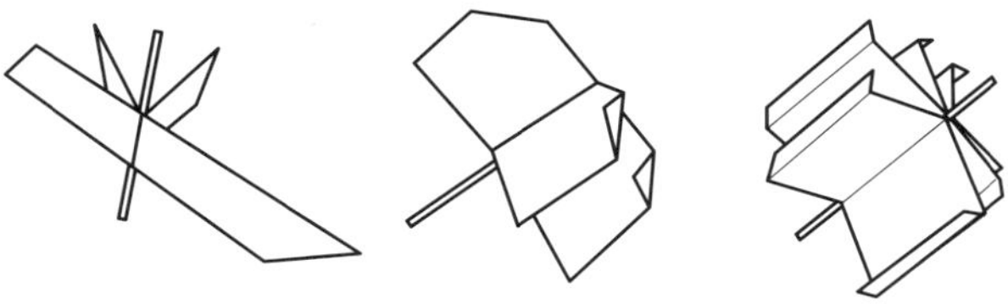

## 紙コップで風車をつくろう（6時間目）

**●ねらい**

紙コップで「羽根」をつくるとよく回る。

**●必要なもの**

紙コップ、セロハンテープ、はさみ、ストロー（大・小）、きり

### <展開>

**①「紙コップの風車をよく見てください」**

作品を取り出し、回してみます。

**②「紙コップの風車をつくってみましょう」**

### <紙コップ風車のつくり方>

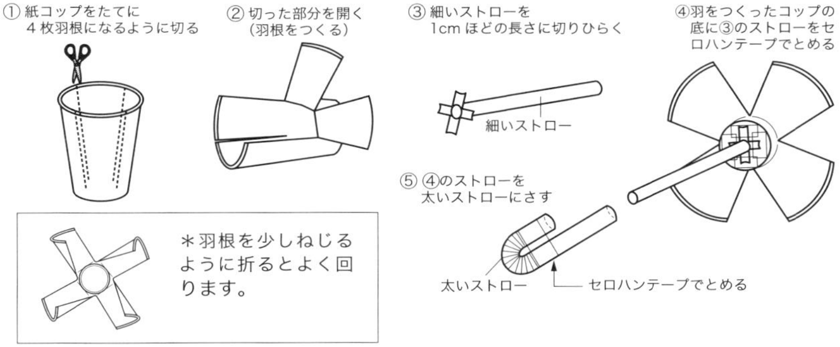

① 紙コップをたてに
4枚羽根になるように切る
② 切った部分を開く
（羽根をつくる）
③ 細いストローを
1cmほどの長さに切りひらく
細いストロー
④羽をつくったコップの
底に③のストローをセ
ロハンテープでとめる
⑤ ④のストローを
太いストローにさす
太いストロー
セロハンテープでとめる
＊羽根を少しねじる
ように折るとよく回
ります。


## わたしだけの風で動くおもちゃ（7、8時間目）

**●ねらい**

身近な材料を使って、風をうけて動くおもちゃをつくる。

**●必要なもの**

紙皿、プリンカップ、スチロール皿、ストロー、紙コップなど、家から持参したもの

### <展開>

**①「家から持ってきた材料で風で動くおもちゃをつくってみましょう」**

自分だけの動くおもちゃを、持ってきた材料でつくります。

**②「発表会をしましょう」**

## ＜作品の例＞

■かざぐるま……３種

■帆かけぶね……２種

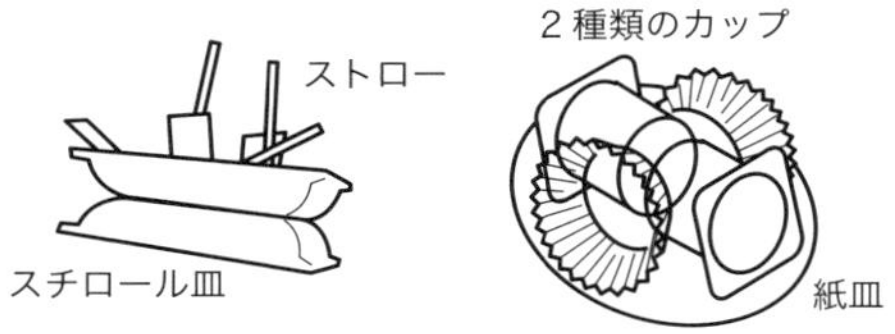


■ストローほう

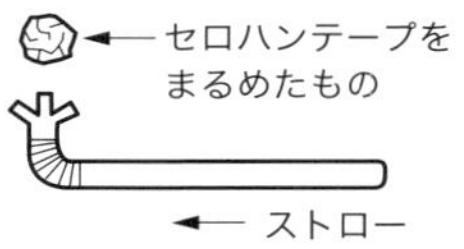


## （5）色水をつくろう

### 単元のねらい

植物のからだの中には色のついた物質が含まれています。赤い花には赤い物質があり、緑の葉には緑の物質（葉緑体）が含まれています。昔からそれらをこすりつけたり、たたきつけたり、水に溶かしだしたりするなどの方法で取り出し、紙や布を染めてきました。

こうしたことは、子どもたちも「遊び」の中でよく経験されてきたことです。こすりつけたり、たたきつけたり、色水をつくったりする「遊び」を通して植物のからだの中には色の付いた物質があること、それらは取り出すことができることを知ることができます。なかでも水に溶かして取り出す方法は、日常生活ではお茶や紅茶もそうですし、ほうれん草などを煮たときに、お湯が緑色に変化することでも確認できます。

また、こすったり、たたきつけたりなどの働きかけをすることで、その植物が「かたい」「やわらかい」といった性質を知ることもできます。そして、かたい植物はこすってもなかなか色を取り出すことができず、たたきつけたりすることでしか色は取り出せないこと、やわらかい植物はこするだけで色が取り出せることなどを、体験的に知ることができるでしょう。

「色水をつくろう」の学習を通して、４月から日常的に取り組んできた、「しぜんのたより」の活動、自然への働きかけが広がるきっかけにもしたいと思います。

学習内容

❶花や葉や実などをこすったり、たたいたりすると、線や絵が描ける。
❷植物の花や葉や実から色水がつくれる。

教材

❶オシロイバナの花や葉を紙にこすりつけて、色をつける。
❷アメリカセンダングサの花や葉をとって、水に入れ、色水をつくる。
❸ヨウシュヤマゴボウの実をつぶして色水をつくり、和紙を染める。
❹赤ジソをお湯に入れて、赤ジソの葉の色水をつくる。
❺お茶の葉をお湯に入れて、お茶の葉の色水をつくる。

指導計画（6時間）

❶花や葉を紙にこすりつける（1時間）
❷色水づくり（2時間）
❸水を煮立てて、色水をつくる（2時間）
❹野草や木などから色をもらい、紙を染める（家庭学習、1時間）

## 学習の展開

### すりつけて、色を取り出す（1時間目）

**●ねらい**

花や葉をこすりつけると、花や葉の色がうつる。

**●必要なもの**

オシロイバナの花、画用紙、袋、はさみ、水

**<展開>**

①「色を取り出すための方法は？」

もともとのものに色があること、それをこすりつけることによって、色が取り出せることを確認してから、オシロイバナをさがしに行きます。学校内にないときは、準備しておいたオシロイバナを配ります。

②「いろいろな花や葉をこすってみよう」

オシロイバナでみんながこすりつけて色を取り出せることが確認でき

たところで、他の花や葉でもやるようにします。

### ③「やったことを書きましょう」

＜子どものノートの例＞
　きょうかみにはなをこするといろがでた。あさがおでもいろがでてきた。はっぱもできた。いろんなはなでこすったらいっぱいいっぱいいろがでた。わかんないつぼみでもできた。はなびらがあおでまんなかがきいろは、あおときいろだった。なんかのはっぱのいろはおもてにむらさきでうらがきみどりだった。おうどいろがでたやつもあった。いっぱいこすったのでたのしかった。

## 花や葉で色水をつくろう（2、3時間目）

**●ねらい**

葉や花から色水をつくる。

**●必要なもの**

20cm×20cm 大の和紙（人数分×3）、ビニール袋（人数分×5）、センダングサの花（センダングサは9月に花を咲かせる。他の花で代用してもよい）

### ＜展開＞

### ①「色をたくさん集める方法は？」

　まずは全員で1つ共通して色水をつくります。水は教師が少しずつ入れ、色が薄くならないようにします。でき上がった色水は机の上に置いておき、この後和紙の折り染めの時に使うようにしますので、グループで1つの紙コップに入れておきます。

　全員ができたことを確認してから、外に出てさまざまな花や葉を使って色水づくりをします。

### ②「花や葉を水につけて、もんで色を取り出し、色水をつくります」

　こうした活動を通して「葉の色はなかなか出ない」「花の方がすぐに出る」というような「花はやわらかい、葉はかたい」という性質に気づくことにもなることがあります。

## ③「できた色水を使って、折り染めをしよう」

はじめにつくったセンダングサの花の色水を使って、和紙の折り染めをします。正方形の和紙を三角形に３回ほど折り、頂点に色水をつけ、開くと、きれいな模様ができます。

全員ができたら、子どもたちがつくった色水でも試してよいことにします。ただ、子どもたちが色水をつくると、水の量が多くなりやすく、薄くて色がつかないことがありますので、注意させましょう。

## ④「やったことを書きましょう」

**<色水のつくり方>**

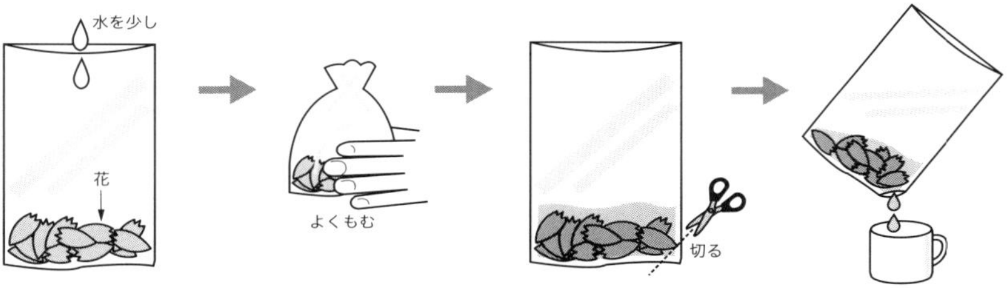


①花を入れた袋に水を少し入れ、よくもむ。

②袋の角を切り取り、容器に移す。

## 実を使った色水をつくろう（４時間目）

**●ねらい**

実をつぶして色水をつくり、染める。
折り染めの楽しさを味わう。

**●準備**

子どもたちには事前に「ヨウシュヤマゴボウの実を見つけたら、採ってきてね」と伝え、集めておく（保護者に依頼するのでもよい）。
ヨウシュヤマゴボウの実が見つからない場合は、巨峰などのブドウの皮で行なう。

**●必要なもの**

ヨウシュヤマゴボウの実（またはブドウの皮）、20*cm* × 20*cm* の和紙（人数分× 3）、チャック付きビニール袋（人数分）

<展開>

① 「ヨウシュヤマゴボウの実で、色水をつくろう」

② 「折り染めをしよう」

前回同様、折り染めをします。他の実でやる活動は、家でやってみるとよいことを話します。

③ 「やったことを書きましょう」

## 赤ジソジュースをつくろう（5時間目）

**●ねらい**

飲める色水がある。
赤ジソの葉を水から煮立てると、赤色の色水（赤ジソジュース）ができる。
6年生で学習する「酸・アルカリ」の学習にもつながることを意識する。

**●準備**

赤ジソは、9月下旬になって花を咲かせてしまうと、葉が古くなり、赤が抜けて緑色になってしまうため、9月中旬ごろまでに赤ジソの授業を行なう。
9月中旬までにできなかった場合は、6時間目の「緑茶」の授業を行なう。

**●必要なもの**

カセットコンロ、ビーカー、赤ジソの葉（いずれもグループ分）、レモン汁、水、事前につくっておいた赤ジソジュース

<展開>

① 「赤ジソの葉で色水をつくろう」

見本として教師が前もってつくっておいた赤ジソジュースを見せる。

カセットコンロの上に、水の入ったビーカー（よく洗った新品のビーカー）を置き、中に赤ジソの葉を入れて火をつけます。赤ジソの葉から赤が溶け出してくる様子が見られます。溶け出た後の赤ジソの葉が緑になっていることにも気づかせます。

② 「レモン汁を入れて飲んでみましょう」

できた赤ジソの色水に、レモン汁を入れて色が鮮やかに変化すること

を見せます。その後、コップに分けて飲みます。

### ③「やったことを書きましょう」

<子どものノートの例>
　きょうはあかジソをみずにいれて、あたためました。そうしたらあかジソのあかいろがでて、あかいみずになりました。あかジソのはっぱをみてみたら、みどりいろになっていました。あかジソのみずにレモンをいれたら、いろがきれいになりました。このいろみずはのめるので、のんでみたら、おいしかったです。

## 緑茶をつくろう（6時間目）

**●ねらい**

緑茶の葉を水に入れて煮立てると、緑の色水ができる。

**●必要なもの**

カセットコンロ、ビーカー、緑茶葉、茶こし（いずれもグループ分）、水

### ＜展開＞

### ①「お茶をつくりましょう」

　カセットコンロをグループに配り、よく洗った新品のビーカーに水を入れ、茶こしにお茶の葉（乾燥させているので葉に見えない可能性があるので、「お茶の葉っぱだよ」ということを強調します）を入れて、火をつけました。

　実践したときは「お茶の葉っぱ、まだあるから、もう1回つくりたい」という声が出たら、やってみます。最後に、お茶をみんなで飲みましょう。

### ②「やったことを書きましょう」

<子どものノートの例>
　きょうおちゃのはっぱでびーかーにうえのところにちゃこしをのせておちゃができた。みどりがでてきた。たいふうみたい（にぐるぐるまわっていた）。おちゃのみどりのはからみどりをとることができた。2かいめがうすい。のんだらあつかった。

# 6 自分のからだをさぐる
## ――食べものの通り道

### 単元のねらい

低学年の子どもたちは、好き嫌いはもちろんのこと、食べること自体に意欲がない子、ほんの少しずつしか口に入れられない子、ちょっとかたいものだと食べない子など、食べることに問題を抱える子どもが多くいることが、給食の時間にわかります。

朝からあくびをしていたり、「おなかがいたい」と言うので聞いてみると、「夜遅かったので寝坊して朝食を食べてこなかった」とか、「3日間もウンチが出てない」という子、休み時間になったというのに、「疲れた」「めんどくさい」と外に行かない子など、「この子たち、ちゃんと育つことができるのだろうか？」と思うような実態も、よく耳にします。

そこで、「生物としての自分のからだのしくみを知り、健康なからだをつくれるようにする」という視点で、低学年の「からだの学習」を組み、1年生では「食べものの通り道」という単元を設定しました。

生きていくために必要な一番基本的なこと、「食べものを食べることでからだが成長していくこと」「食べものを食べるとからだの中で消化され、うんちとなってからだの外へ出ていくこと」「運動することも成長に必要なこと」を低学年できちんと教えることは、非常に重要なことです。

からだの基本的なしくみを知ることは、自分で健康に気をつけていくための知識となると思います。それだけでなく、自分も生物として生き、成長しているという大事な事実をとらえさせることにもなると思います。

### 学習内容

❶いろいろな食物を食べることによって、からだが成長してきた。
❷歯は食べものをかみくだき、すりつぶしている。
❸からだの中に食べものが通る管がある。
❹うんちは食べもののこりかすである。
❺おしっこは、からだのいらないものを捨てている。

### 教材

❶誕生時と1年生時の身長を比べると、大きく成長したことがわかる。
❷1$L$のペットボトル3本に水を入れて、持ってみると、赤ちゃんのとき

の体重が感じられる。
❸鏡で口の中を見ると、いろいろな歯、舌、のどぼとけなどがある。
❹たくあん（リンゴ）の厚切りのものをかみ切って食べてみる。
❺心臓とおなかの音は違う。
❻（人体模型や絵本を見ると）食べたものの通り道が一本の管になっている。
❼うんこは食べたものの残りもの、おしっこはからだの中にできたいらないものである（絵本）。

## 学習の展開

### 成長してきたことをみる（1、2時間目）

**●ねらい**

生まれたときの体重と身長を今と比べて、大きく成長したことを知る。

**●準備**

あらかじめ、右のカードを配布し、家庭で、自分の生まれたときの体重と身長を調べてさせておく。

一人ひとりの、生まれたときの身長と４月にはかった身長の２つの長さに色違いの紙テープを切って、用意しておく。

・生まれたとき……赤色
・１年生４月………青色

クラス全員の名前を書いた表を用意する。

> **おねがい**
>
> 生活科のからだの学習で、生まれたときの身長と体重が必要なので、このカードに書き入れてお子さんに持たせてください。
>
> ●名前 ＿＿＿＿＿＿＿＿
>
> ●生まれたときの体重　　　g
>
> ●生まれたときの身長　　　cm

**●必要なもの**

赤色と青色の紙テープ、名簿表、1.5ℓサイズのペットボトル（グループに２本）。

**<展開>**

#### ①「生まれたときの身長と、今の自分を比べてみよう」

あらかじめ、生まれたときの身長に合わせて切っておいたテープを全員に配り、自分のからだと比べさせます。床からどこまでくるか、からだのその場所にシールを貼ってもよいでしょう。

#### ②「テープを表に貼って、みんなで比べてみよう」

４月の身長の長さのテープを、生まれたときのテープの横に貼り、どのくらい大きくなったかを比べます。

生まれたとき小さくても、今大きい子、大きく生まれても、今小さい子など、一人ひとりの成長する時期は個人差があることに気づかせます。

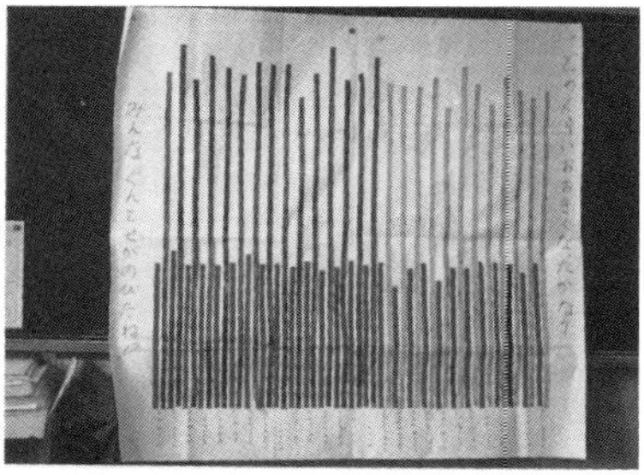

### ③「生まれたときの重さはこのくらい」

水を入れたペットボトル２本をガムテープで巻いてくっつけたものをグループに１つずつ渡します。

これが生まれたときの体重ぐらいであることを話してみんなで交代に持って比べます。友だちを抱き上げてみて、生まれたときと比べさせます。

## 口の中を見る（３時間目）

**●ねらい**

口の中には、歯・舌があり、歯は、いろいろな形をしていることを見る。

**●必要なもの**

鏡（人数分）

**<展開>**

### ①「こんなに大きくなったのはどうしてかな？」

どんな食べものを食べてきたかを子どもたちに発言させて、いろいろな食べものを食べてきたからであることを確認します。

### ②「口の中には、何があるか、鏡で見てみよう」

口の中には何があるか、鏡で自分の口の中を見させ、絵を描かせ、歯、舌、のどの奥、など見えたものを発表させます。

歯の形に気をつけて、口の中の様子を絵に描かせる。どんな形の歯があったか、発表させます。

<子どものノートの例>
「いときりばをはじめてしった」
　きょう口の中をはじめてみました。きばのようなはのなまえをしりました。それはいときりばでした。
　大きいはや小さいはがありました。のどちんこもみえました。のどちんこのおくはトンネルみたいにくらかったです。

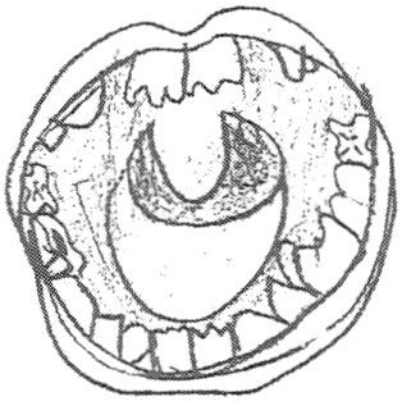

## 歯の働きを確かめる（4時間目）

●ねらい
歯は食べものをかみくだき、すりつぶしてからだの中に送り込んでいることを確かめる。

●必要なもの
3cm くらいに切ったたくあん（1人1切れ）、たくあんが食べられない子もいるので、きゅうりかりんごも用意しておく。

### ＜展開＞

#### ①「どんなふうに歯を使って食べているかを、確かめよう」

　全員に1切れずつたくあんを配り、どのように歯を使うかを確かめながら食べさせます。食べているときの音や、歯でかみちぎったあとの形にも注意させます。友だちのかんでいる様子も見ましょう。
　前歯でかみちぎっていること、奥歯で細かくなるまでかんで、かみくだいていることなどを発表させて、確かめる。

## 食べものの通り道を知る（5、6時間目）

●ねらい
からだの中には、食べものが通る管があること、うんちは食べものの残りかすであることを知る。

●必要なもの
食べものの通り道を描かせるためのからだの輪郭図、口～食道～胃～小腸～大腸～肛門までを描いたからだの図、人体解剖模型、読み聞かせの本『食べもののたび』（かこさとし、童心社）

**<展開>**

### ①「おなかの中の音を聞こう」

隣どうしで、おなかに耳をつけて、どんな音がするか聞きます。

「ドキン、ドキン」と聞こえる音は、心臓の音であることを教えます。心臓の音以外に、どんな音が聞こえたか、発表させます。

### ②「口から入った食べものは、どんな通り道を通って、うんちになるんだろう」

口から入った食べものが、うんちになって出るまで、どんな通り道があるのかを、自分で考え、からだの輪郭図（右図）に絵を描き入れさせます。

みんなが描いた絵を黒板に貼り、みんなで見て比べます。似ているものを集めて、いくつかのグループにして貼ると、見やすいでしょう。

### ③「食べものの通り道を、模型で見てみよう」

人体解剖模型を見せて、食道、胃、小腸、大腸、肛門があること、6 *m* くらいあることを知らせます。図を渡して、ノートに貼らせます。

### ④「絵本で、食べものがどのようにからだの中を通っていくか、確かめよう」

絵本『食べもののたび』を読み聞かせします。

### ⑤「やったことをノートに書きましょう」

<子どものノートの例>

きょうは、『食べもののたび』という本をよんでもらいました。まず、口にはいって、おくばですりつぶすときに、つばがでてきました。つぎに、食どうをとおって、いぶくろこうえんでとかされるふしぎなえきたいがでてきました。そこでどろどろにされて、小ちょうジェットコースターでえいようがとられてそれからでてくるのです。

## おしっこはどんなものか知る（７時間目）

**●ねらい**

おしっこは、からだの中のいらないものを捨てていることを知る。

**●必要なもの**

読み聞かせの本『おしっこのふしぎ』（からだを知る本４、伊東三吾 著、川上洋一 絵、草土文化）

**＜展開＞**

### ①「おしっこはなんだろう」

おしっこについて、子どもたちの思っていることを発表させます。「飲んだ水がおしっこになる」と思っている子が多いようです。

### ②「本で、おしっこはなんなのか、どこから出るのか、確かめよう」

『おしっこのふしぎ』の９、10 ページで食べものの水分が腸で吸い取られて血液に入ること、14、15 ページで、腎臓で血液の中のいらないものをこし取っておしっこにすること、24 ～ 27 ページを見せて、膀胱(ぼうこう)に一杯たまると、出口から出ること、男と女の出口の長さが違うこと、を教えます。

男も女もおしっこをするところをオチンチンといい、男は女より長いと教えるのでよいと思います。

# 7 わたしの　ぼくの　いまいるところ

### 単元のねらい

「右手、左手」のように、自分のからだには「右、左」を使った言葉がたくさんあります。からだに縦に中心線を入れて「右手、右足、右目、右耳」のように左右がきれいに分かれていきます。このように「右」「左」は、自分のからだが基準になっています。

対象物の位置を表すとき、空間に配置されているものと、見る側の視点によって表し方が決まります。今右に見ているものが、からだの向きを180度変えると、左に見えます。２年生の地図学習で、「校門から教室までの案内図と文章を書こう」としたとき、階段のところで向きが変わり、自分たちの教室は階段を上って右にあるのか、左にあるのか混乱してしまう場面がありました。何に向かって右なのか、左なのかを意識しないと正確に表すことができないのです。「向き」を意識することは３年生で学習する「東西南北」を認識させる上でも大切なことになるでしょう。

身近な自然に働きかけ、それを言葉に表すときに、空間を意識した表現が行なわれれば、よりいっそう伝わりやすくなると考えました。

### 学習内容

❶自分のからだを中心にして「右、左」を表す。
❷右左は向かうものを決めて表現する。
❸自分の座席の位置を、右左、前後を使って表すことができる。

### 教材

❶スリッパには右左がある。
❷からだには右耳、左耳、右目、左目などがある。
❷前にある黒板は、回れ右をすると、後ろが黒板になる。
❹ 黒板に向かって、右に廊下があり、左に窓がある。
❺ 回れ右をすると、廊下が左になり、窓が右になる。
❸ 地図にからだの向きを合わせると、目的地に行ける。
❼わたしの机の位置は、黒板に向かって右から３列目で、前から２つ目。

### 指導計画（４時間）

❶「右」と「左」（１時間）

❷からだの向きを変えると、前後左右が変わる（１時間）
❸地図を使った宝さがしゲーム（１時間）
❹自分の座席の位置を表す（１時間）

## 学習の展開

### 自分のからだは右と左に分かれる（１時間目）

●ねらい
自分のからだには右と左がある。
●準備
背中の図は、黒板に貼れるよう、裏にマグネットをつけておく）
●必要なもの
色やサイズが同じスリッパ（４人分）、背中の図

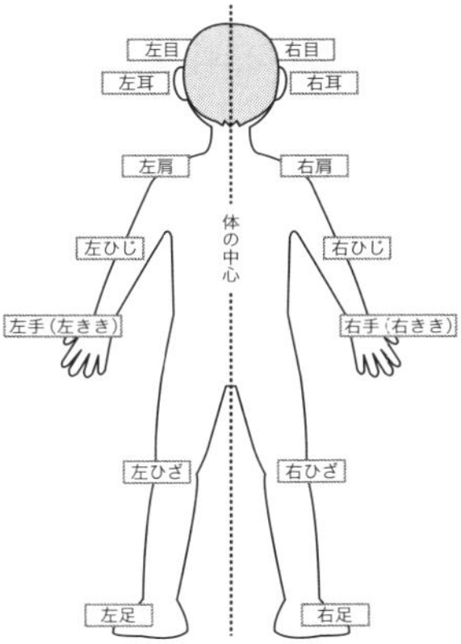


**<展開>**

**①「スリッパは右と左で履けるようにそろえなくてはいけません」**

足には右と左があることを確認します。

**②「これをちゃんと履けるように、並べてください」**

色やサイズが同じスリッパ４人分を、黒板にバラバラに貼り、並び替えさせます。

**③「からだの部分で、他にも右、左があるところはどこでしょう？」**

右手左手、右目左目、右腕左腕など、さまざまな答えがあがります。子どもから出されたものを、背中の図に書き込んでいきます。すると、右と左が、からだの中心線からきれいに分かれていることに気づきます。

また、「頭は右左がない」「心臓も右左がない」など、１つのものには右左がないことも確認します。

④「やったことを書きましょう」

＜子どものノートの例＞
　せんせいがスリッパにじしゃくをつけていて、それをばらばらにはった。それをはけるようにみぎひだりをそろえてならべなおした。からだにはみぎとひだりがある。ほかにはどこにあるかというと、みぎのかみのけみぎみみみぎまゆげなど、いーっぱいでてきた。もりろんひらりもいーっぱいでてきたから、じぶんもいっぱいいった。あたまのてっぺんから下まではんぶんの←こっちがひだりで、→こっちがみぎでした。あたまのてっぺんからしたまでみぎとひだりにわかれているのがおもしろかった。

## からだの向きが変わると、前後左右に見えるものが変わる（２時間目）

**●ねらい**

からだの向きが変わると、前後左右に見えるものが変わる。

**●必要なもの**

右図のようなカード（人数分×４。４種類とも色画用紙の色を変える）

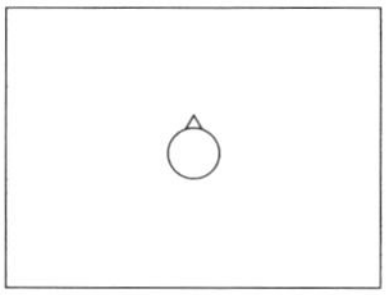

**＜展開＞**

①「みんなの前には何があるでしょう」

　１枚目のカードを配り、前にあるものを確認します。例えば、「黒板」という発言があれば、カードの人の図の前に、「まえ・こくばん」と記入させます。同じように後ろ、右、左にあるものを確認し、記入させます。

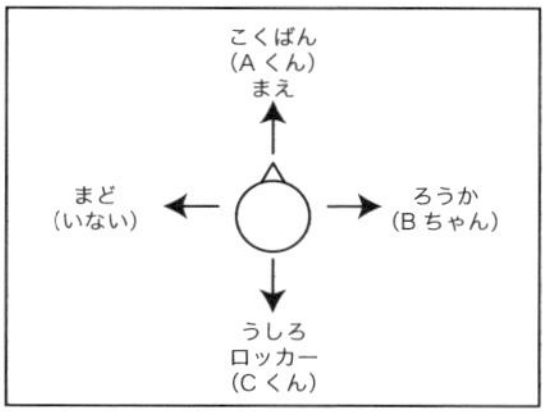


　次に前にいる人、後ろにいる人、右にいる人、左にいる人も確認させます。

②「机ごと、回れ右をしましょう。前には何があるでしょう」

黒板のほうに向いていた①の図では、後ろにあったものが、180 度回ると、前になります。そして、黒板は後ろになります。右や左についても同様に確認し、２枚目のカードに記入しておきます。

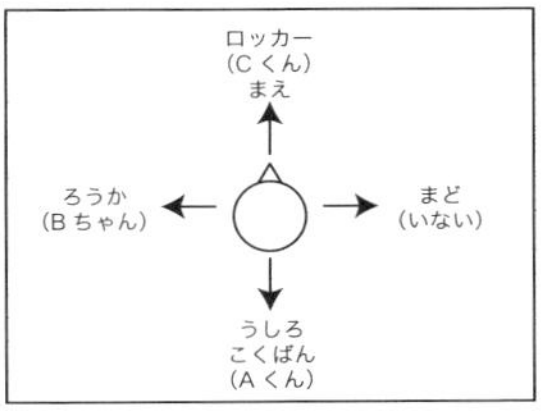


## ③「窓のほうを向くと、どこに誰がいるかを予想してみよう」

机の向きを変える前に、前、後ろ、右、左には何があるか、カードに記入します。その後、実際に机の向きを変え、合っているかどうか確かめます。

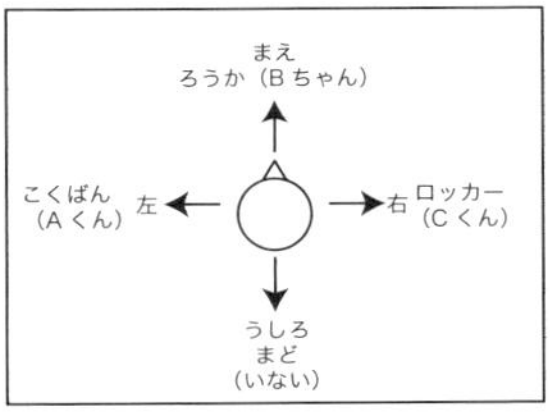


## ④「廊下のほうを向いたつもりで、どこに誰がいるかを予想してみよう」

机や椅子は動かさずに、廊下を向いたつもりで自分の前は誰か、後ろ、右、左は誰か、予想させます。

## ⑤「記念写真を撮りましょう」

予想が全部当たっていた人の中から、１人だけを前に連れてきて黒板に向かわせ、右手でピースをした姿を、背中側から撮ります。それをテレビに映し、右手の場所を確認します。

## ⑥「みんなのほうを向いて、写真を撮ろう。右手でピース」

「顔が見えないんじゃ、記念写真にならないから、みんなのほうを向いて、写真を撮ろう」と言って、写真を撮り、テレビに映します。すると、さっき「右手」と印をつけておいた手とは、反対の手を挙げている写真がテレビに映ります。そこで話し合いをします。

## ⑦「やったことを書きましょう」

## 宝さがしゲーム（３時間目）

**●ねらい**

地図上を、指示文の通り進んでいる向きを意識して、左右に進んでいく。

**●準備**

指示文Ａ・Ｂと地図Ａ・Ｂは、１枚ずつ拡大コピーをして黒板に貼れるようにしておく。

封筒に描く動物は、鳥、ライオン、ぞう、うさぎ、うま、たぬき、犬。鳥の封筒に宝（ラムネなど）を入れておく。

上から見た人間の図は、磁石で黒板に貼れるようにする。地図上の向きを意識して進めるようにする。

地図Ａ、Ｂどちらも、「目的地は何か。分かれ道の正面に何が見えるのか」を入れたい。

**●必要なもの**

指示文Ａ・Ｂ、地図Ａ・Ｂ（下記参照、１人１部）、動物の絵が描いてある封筒、上から見た人間の図

### ＜展開＞

**①「行き先の書かれた宝の地図があるよ。宝の所まで行けるかな」**

子どもたちにも指示文Ａと地図Ａを配ります。まずは子どもたちが鉛筆で地図上を進んでいきます。その後、黒板でも確認します。地図Ａは向きを意識する必要はありませんので、右左の確認として行ないます。

●指示文Ａと、地図Ａ

「はじめの　わかれみちを　みぎへ　つぎの　わかれみちを　ひだりへ　すすめ」

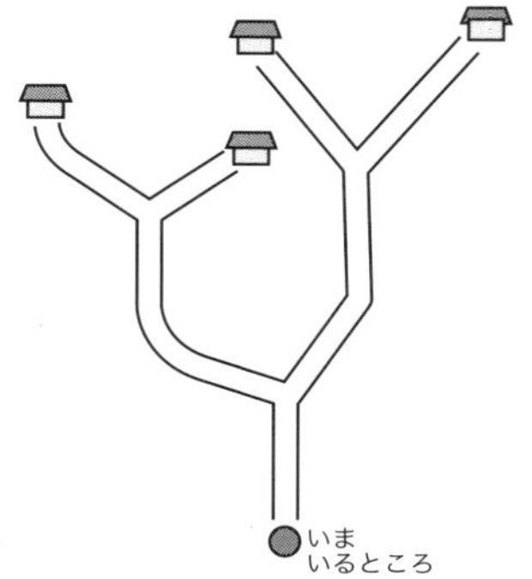


**②「もう１つ地図と、宝までの行き方があるよ。宝の所まで行けるかな」**

地図Ｂと、指示文Ｂを子どもたちに配ります。拡大コピーしたものを

黒板に貼ります。子どもたちは鉛筆で地図上を進むように指示し、少し時間をとります。最後の曲がる場所が、地図上では「上と下」になっています。どのようにこの場所を曲がるのか、机間巡視をし、見ていきます。地図を左に回している子、自分のからだの向きを変えている子どもがいたら、後で黒板で確認するときに発言させるようにします。

●指示文Ｂと、地図Ｂ

「はじめの　わかれみちを　みぎへ　つぎの　わかれみちを　ひだりへ　すすめ。そのまま　はしを　わたって　つぎの　わかれみちを　みぎへ。その　つぎの　わかれみちを　みぎへ　すすめ。さいごに　はしを　わたって　わかれみちを　ひだりへ　すすめ」

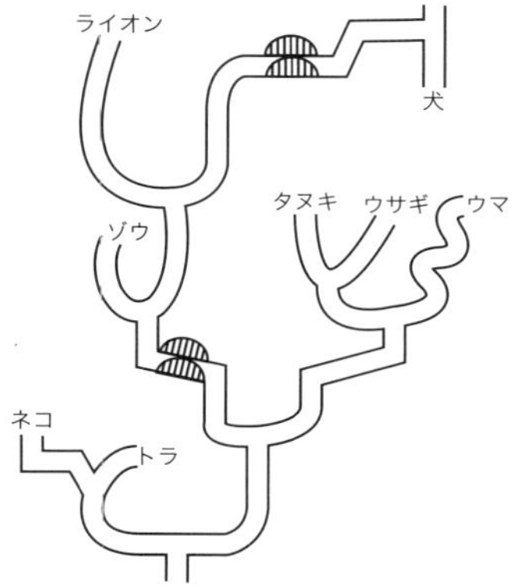


### ③「宝の場所はどの動物だった？」

鳥と犬に分かれることがあります。「人の磁石」を使って、黒板で確かめます。最後の曲がる場所は、向きが変わるので「上と下」は「上が左で、下が右」となり、鳥であることを確認します。鳥の封筒を開け、なかに宝が入っていることを見せます（その後、１人１個配ります）。

### ④「やったことを書きましょう」

＜子どものノートの例＞
　きょう、ちずと手がみがありました。スタートからとりまでいって、ラムネをたべた。ねこととりのえがあって、ちずがたてだから、よこにすれば、上と下じゃなくて左と右になってわかる。

## わたしの今いるところ（4時間目）

**●ねらい**

教室の中の自分の席を表す。

算数の単元「自分のロッカーの場所を表そう」との合科で行なうとよい。

席替えをした後に、単元を実施するとよい。

**●必要なもの**

座席の絵と文が書けるカード

### <展開>

### ①「今の自分の席の場所を、家の人に教えよう」

すぐに書き出すのはむずかしいので、まずはお話をさせます。すると子どもから、「右から３列目で、前から２番目」のような声があがります。

子どもたちは黒板を向いていますが、教師はロッカーを向いていますので、右が逆になります。教師は逆に動いたりして、「黒板を向いて右から３列目」といった、向きを意識した発言を引き出すようにします。

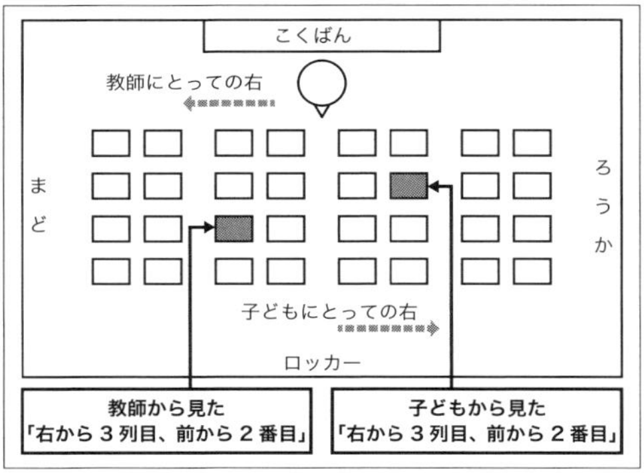


### ②「今の自分の席の場所を、絵と文で書きましょう」

何人かに自分の席の場所をお話しさせた後で、絵と文で書くようにします。

# 8 家のしごと

### 単元のねらい

１年生が「労働についての具体」と「人と人とのつながり」を学ぶ時には、一番身近な社会である家庭の家事労働に目を向けさせます。家事労働の内容を知り、この学習を通して、家族の一員としての自分の役割を果たすこと、「自分の仕事」という意識をもって家事に取り組むようになってほしいと考えています。

また、「自分の仕事の工夫」が発表できるまで、継続して仕事を行なうように励ましていきます。そのような営みを通して、「自分が家事の一部を担っているから、家族が気持ちよく生活できる」ということに気づくことができることでしょう。

実際、この学習を終えた子どもたちは、学級の係活動において、必要な係活動を話し合い、取り組みました。また、学級の掃除においては、掃いたり、拭いたりすること以外に、ゴミ箱の後ろや棚の隙間などの細かいところも掃除しよう、と子どもたちが提案し、積極的に取り組みました。

子どもたちが「自分の仕事」を果たし、家族から頼りにされ、感謝されたこと、また、「自分は家族の役に立っている」ということを実感したからこそ、学びがひろがっていったと考えられます。

### 学習内容

❶いろいろな家事労働があり、家族は、それぞれの役割分担がある。
❷家事労働には、仕事の内容と順序がある。
❸自分も家族の一員であり、自分にできることを見つけ、毎日行なう。

### 教材

❶家事労働には、炊事、洗濯、掃除などがある。
❷家の人達には、それぞれの家事労働がある。
❸洗濯という仕事の中に、衣類を種類ごとに分ける、洗濯する、干す、たたむ、同じ種類に分ける、タンスなどにしまうなど、内容があり仕事の順序がある。他の家事労働にも、それぞれの内容と順序がある。
❹自分ができる家事労働を見つけ、毎日行なう。
❺自分の仕事を書きつづり、それらを読み合うことを通して、それぞれの

家事労働の内容や工夫を知る。

**指導計画（４時間）**

❶家の仕事調べ（１時間）
❷家の人がしている家事の工夫調べ（１時間）
❸自分の仕事を友だちに伝えよう（２時間）

## 学習の展開

### 家の仕事を調べ（１時間目）

**●ねらい**

いろいろな家事労働があり、家の人が、いろいろな家事労働をしていることを知る。

**●必要なもの**

家事労働のときに出る音を録音したもの

**＜展開＞**

**①「家の仕事の音を聞いて、なんの仕事か当ててみよう」**

家の仕事の「音」を聴かせ、何をしているか、誰がしているかを発表させます。

【例】包丁で野菜を切る音、洗濯機の音、食器を洗う音、掃除機の音

**②「仕事の内容と順番を発表してください」**

家の仕事には、それぞれの内容と順番があることを発表する。

**＜家の仕事の例＞**

洗濯……Ⓐ衣類を種類ごとに分ける　Ⓑ洗濯する　Ⓒ干す Ⓓたたむ　Ⓔ同じ種類に分ける　Ⓕタンスなどにしまう

料理……Ⓐ材料を買う　Ⓑ袋の中に入れる　Ⓒ買ってきた材料を冷蔵庫に入れる　Ⓓ調理の準備をする（手を洗う、エプロンをつける包丁やフライパンの準備）　Ⓔ調理

配膳・下膳……Ⓐお皿や箸を並べる　Ⓑ食事の後のお皿を下げる

## 家の人がしている家事の工夫調べ（２時間目）

●ねらい

家事には工夫がある。

●準備

子どもたちに家の人がしている家事労働をじっくり見て、仕事の内容と順序、工夫を書いてくるようにワークシートを事前に渡しておく。

●必要なもの

ワークシート

### ＜展開＞

①「家族の家事をする姿を調べてきましょう」

家族が家事をする様子をよく見て、仕事の内容と順番、工夫を書かせます。

②「仕事の内容ごとに各自発表してください」

友だちの発表をよく聞いて、すごいなあと思う工夫を見つけさせます。

## 自分の仕事を友だちに伝えよう（３、４時間目）

●ねらい

自分の家の仕事を発表し合い、友だちの家の仕事を知る。

●準備

保護者から、子どもたちの仕事ぶりについて事前に手紙を書いてもらう。

●必要なもの

家の仕事の作文

### ＜展開＞

①「家の仕事をやってみて、書いてみましょう」

家事を１カ月間続けて行ない、仕事の内容や道具、順序などについて書きつづらせます。

②「それぞれが書きつづったものを発表しましょう」

「おさらあらい」（にいと）
ぼくは、まいにちおさらあらいをしています。しごとのじゅんばんは、まずスポンジにせんざいをつけてスポンジをにぎってあわをふやして、まずスポンジをかるくおっておさらのふちをふいて、つぎになかをふいて、つぎにそとがわをふいてながしてできあがり。で、コップは、まずふちをふいて、つぎに、なかをふいて、つぎにそとをふいて、おたまは、まずもつところをふいて、つぎにまあるいところをふいておわりです。ちゅういしているところは、よごれをきちんとながすところです。

### ③「家の人から手紙も届きました」

■母より
「やりたくない」と言ったことは一度もなくがんばりました。きちんとあらったりすすぐこと、すこしずつたくさんできるようになればとおもいます。

第 4 章

# 学習内容と学習展開 <２学年>

## 1 しぜんのたより

**単元のねらい**

❶自然に働きかけ、自然の本質にせまる個々の事実をとらえる
・植物……育つ／花が咲く／実ができる／たねができる／仲間を増やすなど
・動物……食べる／排せつをする／育つ／仲間を増やすなど
・生物以外……例：空気は水の中で気泡として目に見えるなど
❷自然への働きかけ方を身につける
・立ち止まって見つめる、においを嗅ぐ、耳をすませて音を聞く、味をみるなど五感を使う。
・比べたり、つづけて観察したりする。
・ただ見るだけでなく、手を加えて調べる。
・虫めがねやピンセットなどの道具を使う。
・図鑑や本などで調べる。
❸見つけた自然の事物や現象を絵や文で表現する。また、それを通して言葉を獲得し、論理をみがく。
❹見つけた自然を絵に描き、文につづり、話すことなどによって、人に伝

えることができる力をつける。
❺見つけた自然を友だちや教師・親と共有する楽しさを知る。
❻見たがり屋、知りたがり屋、話したがり屋、やりたがり屋になるよう、積極性を育む。
❼日常生活の中で、自然にふれ、感性豊かな子にする。

### 学習内容

❶同じものがどんな場所にあるかを比べてみる。
❷１つのものを継続して観察する。
❸分解してみて、そのつくりを観察する。
❹たねなどがどのくらいできているかを数えてみる。

### 指導計画

P.53 参照

## 学習の展開

### 書きつづることの広がり

２年生になると、１年生のときより、話す力もつづる力もついてきています。そして、仲間と一緒に活動したり、学び合ったりすることにも慣れ、体験を通して、自分なりに法則をとらえるようにもなってきています。

「しぜんのたより」も、そのような２年生の実態を考え、ただ「見つける」だけでなく、「見る手だて」を教えて、さらに豊かに自然をとらえさせたいと思います。

このようなことを機会に応じて教えると、身近な自然をさらに見直していくようになります。基本的な「ねらい」や、「指導計画」は、１年生のときと変わりません。

原則として週に１度、発見した自然について日記を書き、提出することを宿題にしました。強制はしませんが、提出すればシールを貼れることにしました。２年生は社会的な事象にもだんだん注目させていきたいので、日記でも新しい発見があるものは学級便りに載せました。

その結果、例えば、地元で金魚養殖が盛んだったことなど、社会のことにも興味を持ち、書きつづるようになりました。また、国語の物語文の授業でも、言葉からイメージを広げることができ、言葉にこだわって読みを深める授業につながりました。1年生のときにクラスの友だちと話し合ったり、書きつづってきたことの積み重ねだと考えられます。

## 自然への働きかけ方の広がりと深まり

2年生の1学期にザリガニ釣りが大流行しました。学区域に親水公園があったことも都合が良かったのですが、何より友だちの影響と、家族の協力が大きかったと思います。それまで付き合いのなかった家庭同士が一緒にザリガニ釣りに出かけたり、お父さんがザリガニ釣りに連れていってくれたり、母親が見守ってくれたりしました。

1年生の1学期に「ザリガニ」を発表した子には、1年間、クラスの友だちと生きものをめぐって話し合ってきた積み重ねが見られます。

| ■1年生の発表<br>……事実をとらえている。 | ■2年生の発表<br>……内容が豊かになる。 |
|---|---|
| ・ザリガニは川にいた。 | ・ザリガニにはオスとメスがある。 |
| ・魚をエサにあげた。 | ・ザリガニはエサをはさみでつかみ、口で食べた。 |
| ・岩の下にかくれていた。 | ・敵を威嚇する。 |
| ・「あし」が8本あった。 | ・ザリガニはけんかをする（争い）。 |
| ・「はさみ」があった。 | ・とまってるとき口がうごいてた（呼吸）。 |
| ・「ひげ」があった。 | ・ザリガニは隠れたり、防衛反応をとったりする。 |
| | ・うまれたばかりのザリガニは何かの生きもののえさになる（食物連鎖）。 |

## 共有化された知識や働きかけ方を使って自然に働きかける

2年生になって1年生との違いを感じる点は、クラスのみんなで次第に共有化されてきた知識や働きかけ方を使って自然に働きかけるようになってきたことでした。例えば、

・花を見たらおしべやめしべを調べる
・食べて、ふんをする様子を調べる

などの生きものの本質的なとらえ方につながる事実はクラスのみんなに共有化されていきました。

ある子どもは、ハナミズキの花を見ておしべが見あたらないので「不思議な花」と発表しました。ハナミズキの花は、花びらに見えるものは

苞（ほう）で、その中にいくつもの花があります。これは、「花の真ん中にめしべがあり、そのまわりにおしべがある」ことが理解できていたからこそ出てくる視点です。

「おしべとめしべがわからない花」4月17日（2年　しゅうと）
　きょうつつじこうえんで花を見つけました。それはふしぎな花でした。おしべがわからないからです。いえにかえったらようくかんさつしました。そしたら花がざらざらしてました。花びらは4まいあった。おしべとかはぷにぷにしてた。
　ずかんでしらべたけどなかった。でもちがう花のべんきょうになった。つぎはずかんにのってる花をさがしてもってこられるようにします。

## 続けて観察する

１つのものを継続観察するというような、意図的な働きかけもするようになってきました。次の「タンポポの花」は、その１つの例です。

「タンポポの花」4月18日（2年　すず花）
　このまえ4月11日におうちのまえで見つけたタンポポを８本つみました。そしていえにもちかえって、ママがびんにうつしてくれました。七日がたちました。そしてそのあいだにまい日タンポポのようすを見ました。そしてえにもかいてあるけど、せつめいも、します。
　さいしょ見たときは、きいろのタンポポがさいていました。そのつぎにきいろのタンポポがかれたとおもったら、一ばんさいしょみたいにしっかりつぼんで、白いわたげがつぼみからとびだしてきました。そしてどんどん、上に出てきて、すこしずつひらいていきました。そしてつぎの日そのタンポポを見たらわたげが、かぜにとばされてわたげがなくなっていました。

## 因果関係を考えるようになる

２年生になって、生きもの以外の自然にもますます働きかけ、多様な事柄を書きつづるようになります。中でも２年生になって目立つようになったのは、因果関係に気づいたり、原因を考えてみるなどの視点です。

推測し、因果関係を確かめ、関係性について考え、自分で試してみるという、能動的な行動力をどんどん引き出していきたいものです。

「ぼだい寺」（２年　こう）
　きょうアスレチック公園に行きました。それで歩いたら「グサグサ」地めんに音がしました。だから自てん車で走ってみました。そしたら、あんまり音がしませんでした。つぎに走ってみました。そしたら、やっぱり「グサグサ」音がしました。けれど、前、夕方に行ったときはどろどろでした。たぶん、しもばしらがとけてどろどろになったんだと思います。どろが、くつについてたいへんだったです。

## 書きつづった文章が深まっていく

２年生の終わりころになると書きつづった文章にそれまでの積み重ねを感じさせるものが出てきます。

### ■心の動きまでよく思い出して書きつづることができるようになる

「プラタナス」２月８日（２年　ともや）
　先週の日曜日かんけんをうけに上ち（じょうち）大学に行きました。その後、さん歩をしに行きました。歩いてる時、まつばとまつぼっくりがおちてたので、とりました。きみょうなまつぼっくりみたいなのが木にぶらさがっていました。何だろうと思っておちていないか見ました。妹が、小さいのをとりました。その時、がけのところに絵と同じくらいのみがおちていました。その後、公園が近くにあったので、行きました。おなじ木がありました。
　「『プラタナス』ってかんばんに書いてあったよ。」
と、お父さんが言ってた。そうなんだあと思いました。
　きょうテレビのインターネットでしらべたらすずかけの木とも言います。とのってた。そういえば、すずが本当にぶら下がってるように見えた。ぼくの家よりもずうっと大きかった。図かんでしらべようとしたけど、うちのにはのってなかった。としょしつでのってたらしらべてみたい。
　ハチの古いすももってかえったけど、こわくてかけなかった。妹は、ふつうにさわってた。ひろってきたものでビオトープを作るつもりです。それにしても妹は、「こわい、こわい」と言いながらはちのすをふつうにさわってた。すごくびっくりした。

## ■友だちの発言を聞きながら、考えたことまで書けるようになる

「空気っていろんなところにあるんだと思う」（２年　あやの）

　きょうは、前やった空気のじっけんのつづきをしました。先生がスポンジを手でもっていました。それから先生がスポンジをにぎりました。それで先生が

「スポンジに空気ははいってるの？」

と聞いていました。それでだれかが

「あなが少しあいてるかんじがするから入ってると思う。」

と言っていました。そのときわたしはスポンジを見てみました。そして家でおさらあらいをしているときのスポンジのことを思い出しました。スポンジはやっぱりあながあいてるかんじがしました。それで先生が

「あとでためしてみよう。」

と言いました。

—中略—

　それでだれかが

「水にスポンジを入れて、それをにぎって空気が出るかやってみればいいと思う。」

といっていました。わたしもそう思いました。なぜかというと、わたしはおさらあらいのときのことを思い出したからです。でもそのときはせんざいでやっていました。ひらめいてうれしかったです。

—後略—

## ■ちょっとしたことも見のがさずに事実を見て考えた

「あなをあけると（あけないと）ぬれないハンカチ」（２年　こう）

　きょう先生が

「ハンカチぬらしてもいい人」

と言いました。それでよしざわくんのハンカチをガラスのコップに入れて水の入ってるバケツに入れました。あいている方を下につけたらハンカチはぬれませんでした。たぶん人とかはうかぶけど水はうかばないから水が入らないんだと思う。

　前におふろであなをあけたペットボトルを水めんでうごかしたら水が水めんのところまで入った。ふしぎだった。だからたぶん、あなをあけたら空気のにげ道ができて空気がぬけて水が入るんだと思う。ほかにもコップをよこにしたりあいているところを上にしてやればハンカチはぬれた。先生が、

「じゃああなをふさいだら、空気は出ないの？」

と言いました。それでじっさいにやったら小さいあわがちょっと出た。それはたぶん手でおさえるとちょっとすき間ができて、空気のにげ道になってちょっと空気がでるんだと思った。だから先生がおやゆびで強くおしたらまったく出なかった。ぬれてないハンカチもちょっとしめってた。コップのあいているところを上にするといっきに水が入った。やっぱり空気はおもしろい。空気はふしぎだからもっとくわしく知りたいです。

1年のころから、友だちの発表をたくさん聞いたり、話し合ったり、書いたものをみんなで読み合ったりしてきたからこそ、これだけ気がついたり、考えたりして書きつづれるようになったのです。

# 2 生きものさがし

## （1）花さがし

### 単元のねらい

２年生になると、同じ花を見ても、１年生のときとは違って細かい部分や他の花と比べて違うところに気づいたり、「おかしいな」と疑問を持ったりするようになります。

最初の「生活科」の授業として、子どもたちを校庭に連れ出し、校庭に咲いている花をさがして、１つ１つをくわしく見せたいと思います。

１年生のときには「チューリップ」を見せて､「からだ調べ」をしました。２年生では、ぜひ、「ナズナ」を取り上げたいと思います。ナズナの実は、ほとんどの子が「葉」だと思っています。それが実であることを見つけると、上にいくほど実が小さいこと、花から実になっていることに気づく子も出てきます。そして、本当の葉は、根元にちゃんとあることに気づき、実･たねという言葉を事実を通して知ります。

### 学習内容

❶校庭にはたくさんの植物が花を咲かせている。
❷ナズナの花のあとにナズナの実（たね）ができる。

### 教材

❶校庭には、ナズナ、ハルジオン、タンポポなどの花が咲いている。
❷ナズナは白い小さな花を咲かせる。
❸ナズナの三角の形の実の中に小さなたねが入っている。

### 指導計画　（３時間）

❶校庭の花さがし（２時間）
❷ナズナのからだ調べ（１時間）

## 学習の展開

### ◯校庭の花さがし（1、2時間目）

**●ねらい**

校庭にもいろいろな植物が花を咲かせている。

**●準備**

あらかじめ校庭にどんな植物があるか調べておく。

**●必要なもの**

小型の植物図鑑

**＜展開＞**

**①「校庭で花さがしをしよう」**

全員で校庭をひとめぐりし、自然に生えている植物を見つけます。

見つけた植物の名を教えます。図鑑を持っていって、自分で調べさせてもよいです。

**②「一番気にいった植物を、絵と文で書きましょう」**

気に入った植物を１つ選ばせて、教室に持ち帰り、絵と文で書かせます。

### ◯ナズナのからだ調べ（3時間目）

**●ねらい**

ナズナには、たくさんの実ができている。

**●必要なもの**

ナズナ（1グループに1株）、ルーペ（人数分）

**＜展開＞**

**①「ナズナのからだには何があるんだろう」**

１株のナズナで、根、葉、茎、花を確認します。三角形のものを葉と言う子と実と言う子がいます。

**②「三角の形のものを割ってみよう」**

実とたねを教えます。1人1つずつ取ってみて、割って、なかを見ます。三角形のものの中から小さなつぶつぶが出てきます。虫めがねを使うとよく見えます。

③「やったことを絵と文で書きましょう」

## (2) タンポポの絵本づくり

### 単元のねらい

「しぜんのたより」は、子どもたちが見つけたものを教室に持ち込んできて、日常的に交流する活動です。ですから、教師の指導計画のもとに、対象を1つに限定して調べる学習ではありません。当然のことながら、ここに登場してくる題材は実にさまざまで、断片的なものです。

しかし、1年間を通してみると、その中に何回か繰り返して顔を出してくるものがあります。アゲハチョウやカマキリ、カタツムリ、ザリガニ、テントウムシ、アブラナ、そしてタンポポなどといった生物です。

子どもたちが教室に持ち込んでくる話題は、その時々の断片的なものであっても、それをつなぎ合わせてみると、それぞれの生物の全体像を垣間見ることができます。しかも、2年生ぐらいになると、観察の方法も、1つの対象物の変化を追いかけたり、なかを分解してみたり、関連したことを本で調べたり、明らかに1年生までのものとは異なります。

この時期に、「しぜんのたより」をベースにして、1つのものをみんなで調べてまとめる活動に取り組みます。低学年ですから、「絵本をつくってみよう」とか「紙芝居をつくってみよう」といった具体的な目標をかかげることで、子どもたちの活動も意図的なものになっていくでしょう。

「絵本づくり」は、「しぜんのたより」でみんなが材料集めをしたものをもとに、1つのものを集団的に研究する活動です。そして、それを通して、自然への働きかけ方をみんなで獲得し、日常活動である「しぜんのたより」がさらに深まり、広がるきっかけとなる学習としてもだいじにしたいと思います。

### 学習内容

❶タンポポは、道の端や校庭のすみなど、あちらこちらに生えている。
❷タンポポのからだは、根、茎、葉、花でできている。
❸タンポポは、葉を地面にくっつくように広げている。
❹タンポポは土の中に根を伸ばしている。

❺タンポポは花びらが多い花である。
❻タンポポの花が咲いたあとで、わた毛のついたたねができる。

**指導計画（９時間）**

❶タンポポの絵を描く（１時間）
❷タンポポさがし（１時間）
❸タンポポのからだ調べ（１時間）
❹タンポポの花調べ（１時間）
❺タンポポの花びら数え（１時間）
❻タンポポのたね調べ（１時間）
❼タンポポの絵本づくり（２時間）
❽絵本の発表会（１時間）

## 学習の展開

### タンポポの絵を描く（１時間目）

**●ねらい**

タンポポを見つけた様子を絵と文で書く。

**●必要なもの**

画用紙、鉛筆、色鉛筆、画板

**<展開>**

**①「タンポポを見ながら、タンポポの絵を描きましょう」**

子どもたちを校庭や空き地に連れ出して、画用紙を１枚ずつ渡してから、タンポポの１株の絵を描かせます。まず、見つけたときの様子を鉛筆で線描きしてから、文をつけます。

**②「描いた絵を発表してください」**

教室にもどったら、でき上がった絵を１枚１枚みんなに見せながら、よく描けているところを見ていきます。

子どもたちの絵は、自分が強く印象に残ったことをぐいぐいと描いていくものが多いので、花びらを大きく１枚１枚描く子もいれば、葉の葉脈を細かく描いている子もいます。そうした違いに注目させます。

## タンポポさがし（２時間目）

**●ねらい**

タンポポは日当たりの良い場所に生えている。

**●準備**

自分が見つけたタンポポを絵と文で書いてくる（家庭学習）。

**●必要なもの**

画用紙、鉛筆

**＜展開＞**

**①「タンポポはどんな所に生えていましたか？　話し合いましょう」**

タンポポは日当たりのよい所に生えて、地面にペタッと広げた葉で光合成して生きている植物です。だから、周りに高い植物が生えていないような、道路の端や校庭の端など人にふまれやすい所に生えています。

**②「やったことをノートに書きましょう」**

## タンポポのからだ調べ（３時間目）

**●ねらい**

タンポポのからだは、花、葉、茎、根からできている。

**●必要なもの**

タンポポ１株、１時間目に描いた絵

**＜展開＞**

**①「タンポポのからだはどんなものからできているでしょう？」**

１株を根ごと抜いてきたタンポポを見せながら、聞いてみます。

「花」「葉」「根」といった言葉が子どもたちから出てきます。花の下の長い部分（花軸）を「茎」と言う子どもがいたら、タンポポの茎は根が伸び、葉がついている部分であることを教えます。

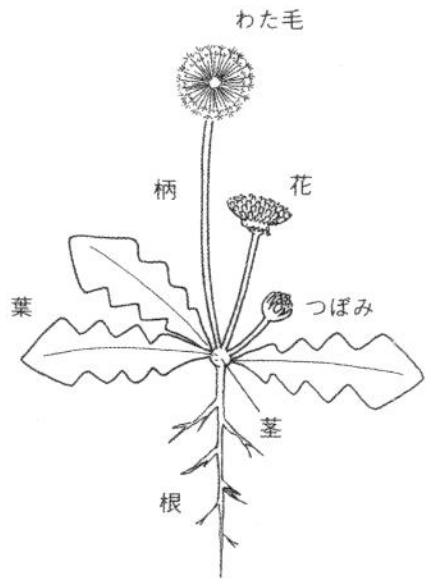

②「自分の描いたタンポポの絵に説明を書き加えましょう」

1時間目に描いた絵を配って、花、葉、茎、根という言葉を記入させます。

③「やったことをノートに書きましょう」

## タンポポの花調べ（4時間目）

**●ねらい**

タンポポの花には、花びら、めしべ（子房）、おしべなどがある。

**●必要なもの**

タンポポの花、画用紙、ピンセット、虫めがね、鉛筆

**＜展開＞**

①「花を分解してみましょう」

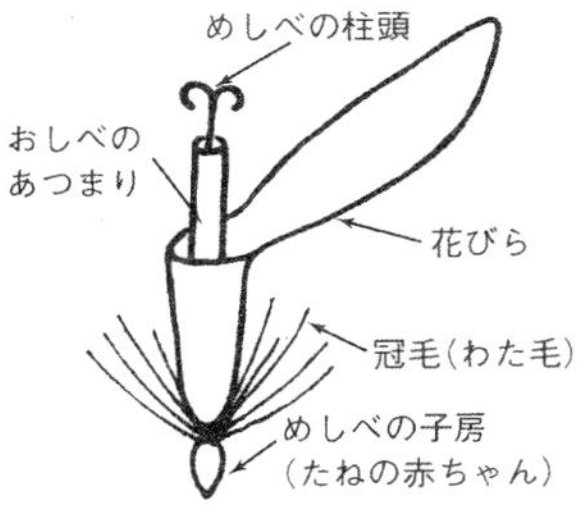


グループに1本ずつタンポポの花を配って、ピンセットと虫めがねを使って花を「分解」してみます。

1つの花は、がく（冠毛）、花びら、めしべ、おしべで構成されています。

「花びら」「めしべ」「おしべ」といった言葉や「たねの赤ちゃん（子房）」のありかなどを教えます。

②「やったことを絵と文で書きましょう」

画用紙にタンポポの1つの花を描かせ、文をつけましょう。

## タンポポの花びら数え（5時間目）

**●ねらい**

タンポポの1つの花は、たくさんの花びらでできている。

**●必要なもの**

タンポポの花、画用紙、ピンセット、セロハンテープ、鉛筆

<展開>

① 「花の中に、いくつの花びらがありますか？」

グループに１本ずつタンポポの「花」を配って、その中に花びらがいくつあるかを手分けして数えます。

はじめは、分解した花を１つずつ数えているグループもありますが、算数の「数のしくみ」の勉強を思い出して、10 ずつまとめて数える方法に気づきはじめます。そこで、花を 10 ずつ並べて、それをセロハンテープで画用紙にとめていくことにします（この方法が子どもたちから出てこなかった場合は、教師が教える）。

② 「やったことを絵と文で書きましょう」

## タンポポのたね調べ（６時間目）

**●ねらい**

タンポポはわた毛のついたたねをたくさんつくる。

**●必要なもの**

タンポポのたね、画用紙（グループ数）、ピンセット、虫めがね、ペトリ皿、脱脂綿

<展開>

① 「タンポポの１つのたねをとって、虫めがねで観察しましょう」

たねの絵を描きましょう。

② 「芽が出てくる様子を観察しましょう」

ペトリ皿に水をふくませた脱脂綿を敷いて、その上にタンポポのたねをまいて、発芽する様子を観察します。

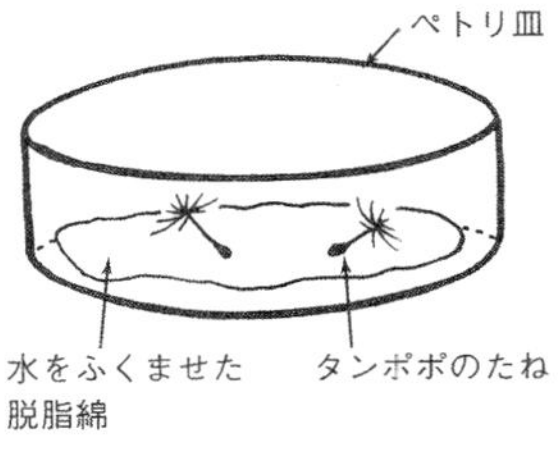

## タンポポの絵本づくり（7、8時間目）

●ねらい

みんなが描いたものを1冊の本にまとめる。

●必要なもの

1～6時間目までの作品、画用紙、鉛筆、色鉛筆、水彩用具、サインペン、のり

### ＜展開＞

### ①「絵本の各ページのテーマを考え、分担を決めましょう」

これまでの授業で描いてきた作品をもとに絵本の各ページのテーマを子どもたちと話し合います。グループごとに1冊ずつつくって、1人が1枚の絵を担当すると、その人数分のテーマが必要になります。

1～6時間目の授業で描いてきたものの他に、「花の1日の変化」「花からたねへ成長する様子」「タンポポの根っこ掘り」「タンポポに似たものさがし」「タンポポを使った遊び」などのテーマも考えられます。

### ②「班の仲間の描いたものを見て、どれを選ぶか決めましょう」

1人1枚は選ばれるように、配慮します。

### ③「選んだものをコピーして色鉛筆で着色しましょう」

文字はサインペンで濃くするのもよいです。

### ④「描いたものをどの順に並べるかを決めて本づくりをしましょう」

子どもたちが描いたものを、順番を決めて色画用紙の台紙に貼り、綴じます。

## 絵本の発表会（9時間目）

●ねらい

絵本を見せ合うことで、タンポポについて調べたことを交流する。

●必要なもの

完成した絵本、ノート

<展開>

**①「グループごとに、みんなの前で絵本の読み聞かせをしてください」**

授業参観など、親も一緒に見られるのもいいと思います。

**②「絵本をノートと一緒に家族にも見せてあげてください」**

親子で読み、その感想を寄せ合います。

<親の感想>
たんぽぽの本を読んで、たんぽぽのいろいろなことを知りました。今まで気づかなかった事を、子ども達は教えてくれました。子どもを通して、二度体験出来るなんて、親になるって良いものですね。それぞれの絵は、きれいな色合いで、一人ひとりの個性が感じられて、とても素敵です。子ども達は、ただ観察して絵を描くだけでなく、本にした事で、一層励みになったと思います。おおぜいの人に何度も見てもらえる、それが魅力ですね。
２年３組だけのたったひとつの絵本。みんな一人ひとりがいっしょうけんめい取りくんでいる姿が浮かんでくるようで、とても感動しています。みんなで力を合わせると、こんなにすてきな本が出来るのですね。３組のみんなは「たんぽぽのことは何でも聞いて！」って感じですね。これからも楽しみにしています。

## ◎絵本づくりの題材選びの視点

①地域のどこにでも見られ、手に入れることができる、学級のみんなにとって身近な生物である。
②植物なら、花～たね～発芽、動物なら、食べるや、たまごを産むといった変化が、比較的短期間に見られる。
③花を分解してみる、根を掘ってみる、たねをまいてみる、など自分で働きかけて調べることができやすい題材である。
④歩く、とぶ、食べる、産卵などが見せやすい動物。

## （3）「虫さがし」から「虫の絵本づくり」へ

**単元のねらい**

２学期のはじめは、大きな花を咲かせたヒマワリの観察から学習が始まり、「虫さがし」をしました。みんなで一緒にさがすのではなくて、学校や家の周りで、自由にさがさせることにしました。

「しぜんのたより」は、１年生のときから続いており、夏休みにも、たくさんの自然を見つけてきているので、思い思いに見つけることができます。

１学期には、「タンポポの絵本」をつくったので、２学期には、「虫の絵本」をグループで１冊ずつつくってみましょう。

**学習内容**

❶アリは土の中に、ダンゴムシは草や石の下に、バッタは草はらにいる。
❷虫は食べたり、うんちしたり、交尾したりする。
❸虫には、歩き回る脚やとぶ羽根などがある。

**指導計画　（６時間）**

❶虫さがし ――見つけた虫のことを絵と文で書く（１時間）
❷グループごとに、どんな虫の本にするか話し合う（１時間）
❸グループ内が話し合ったことをもとに、虫さがしをする（家庭学習）
❹グループでまとめた記録を絵本にする（４時間）

## 学習の展開

### 虫さがし（１時間目）

**●ねらい**

虫さがしをする。虫のいるところは決まっていることを知る。

**●必要なもの**

虫の図鑑、わりばし（虫をつかまえる）、虫めがね、ビニール袋

**<展開>**

①「学校のまわりで虫をさがしてみよう」

どんなところに、どんな虫がいるか、さがします。虫をつかまえると

きは、わりばしでそっとつかむようにするとよいでしょう。

② 「見つけた虫のことを絵と文で書こう」

## 虫の絵本づくり（３～６時間目）

**●ねらい**

班員が協力して１冊の絵本をつくる。

**●必要なもの**

虫さがしをした記録、色鉛筆、サインペン、絵具など

**<展開>**

① 「どんな虫の絵本にするか話し合いましょう」

全員が１つずつはできていることを確認してから、班の友だちで見せ合って、読んで、話し合わせます。

② 「次は、どんなところを見つけてくるか話し合いましょう」

個人で見つけるだけでなく、班のみんなで見つけに出かけることもすすめます。見つけたことを毎日班内で報告し合って、また、虫さがしをします。２週間ほどつづけます。

**<虫の絵本のつくり方>**

①観察記録をもとに、画用紙になるべく大きく絵を描き、文をつける。
②①でできたものを、色画用紙に貼る。
③製本する。

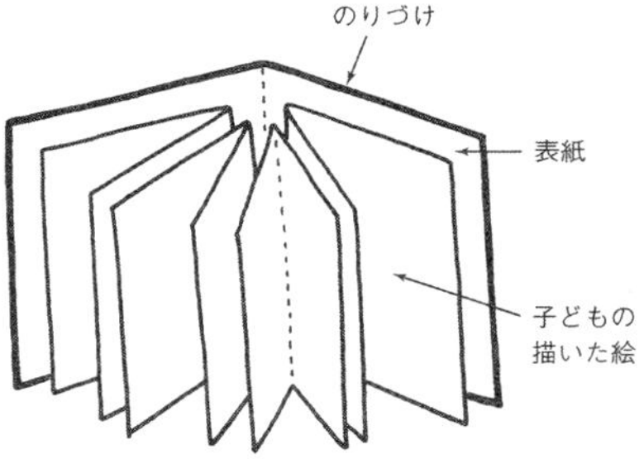


## 夏休みの「しぜんのたより」も本に

夏休みに、自然の様子を見つけたら、ハガキで「しぜんのたより」を出すように話しておきました。すると、たくさんの便りが届きました。自然の絵便りでした。

ピーマンの花、ニンジン、青虫にたかるハエとアリとハチ、アブラゼ

ミ、ホオズキの実、エダマメの生長、カミキリムシ、ハグロトンボ、アリ、カブトムシの産卵、イソギンチャク、ホウセンカ、クラゲ、ヒマワリの生長、チョウセンカマキリ、カニ、ミヤマクワガタ、白い霧、ヤドカリ、フグ、ミノムシ、スズムシ、ゾウ岩、北斗七星、すいこまれるような空、ジグモ、川遊び等々、夏らしい便りがいっぱいでした。

２学期の始めに、このみんなの便りを掲示板にはり出し、それを見ながら読みました。読みにくい字もあるので、教師が読んでやりました。「夏休みのしぜんの本」として１冊にまとめましょう。

## （4）冬芽さがし

### 単元のねらい

葉を落とした冬の木は、子どもにとっては枯れたように見えるものです。しかし、近づいてよく見ると、冬芽がついているのがわかります。「しぜんのたより」の中で発表されることもよくあります。そんなときは、それをきっかけにみんなで冬芽をさがしてみるとよいでしょう。

発表がないときは、教師から「冬の木は枯れてしまったのでしょうか。様子を見にいってみましょう」と声をかけてみます。

枯れてしまったように見える木に冬芽を発見し、どの木も春になる準備をしていることに感動するでしょう。冬には、「冬芽さがし」をぜひ取り入れたいものです。

### 学習内容

❶植物の冬越しをする芽をつくっている。
❷冬芽には、いろいろな姿がある（植物によって冬芽の形、色、大きさなどが違う）。

### 教材

❶葉を落とした木に冬芽ができている。
❷葉のついている木にも冬芽がある。
❸サクラの冬芽とイチョウの冬芽は、大きさ、形、色などが違う。

### 指導計画　（3時間）

❶冬芽さがしをする（2時間）
❷春になったら冬芽を見る（1時間）

## 学習の展開

### 冬芽さがしをする —— 2月上旬〜中旬（1、2時間目）

**●ねらい**

校庭の木々には、冬芽がついている。

**●必要なもの**

虫めがね（各自）、図鑑として『ふゆめがっしょうだん』（福音館）

**＜展開＞**

①「冬の木の様子を見に行きましょう。
木は枯れてしまったのでしょうか」

虫めがねを持ち、校庭に出ます。木々を見て回り、冬芽をさがしましょう。葉が落ちた跡の上に、丸くあるいは少しとがって見えるものが、冬芽であることを教えます。

②「見つけた冬芽を絵と文で書きましょう」

### 春になって冬芽は？ —— 3月中旬（3時間目）

**●ねらい**

春になると、冬芽がふくらんだり、新しい芽を出したり、花を咲かせたりする。

**●必要なもの**

虫めがね、ピンセット、ノート、筆記用具

**＜展開＞**

①「冬芽がどのように変わったか、見に行ってみましょう」

校庭に出て、前回観察した冬芽の変化を見て記録します。

# 3 生きものを育てる

### 単元のねらい

いろいろな野菜を食べているが、どれがどんなもので、どのように育つのかを知っているものは少ないでしょう。実、種、根、茎、葉などを食べる野菜を育てて、そうした野菜について知るようにしたいと思います。収穫を目的として野菜を育て、生長や収穫を楽しむようにします。

動物の中では家畜を飼うことはほとんどできないので、身近にいる昆虫を飼って、食べものと食べ方、成長のしかた、増える様子などを知るようにします。飼うことで見ることができるのです。

### 知っておきたいこと

❶同じ野菜でも品種によって種まきの時期が異なるものがあるので、種を購入するときに説明書きをよく読むこと。

種をまく2週間前には、土をよく耕し、十分に空気を入れ、酸性をきらう野菜のためには苦土石灰をまいておくこと。

❷動物にさわったら、必ず手を十分に洗うように指導する。カタツムリやオタマジャクシ、カエルはもちろんのこと、皮膚炎などの病気になる場合が十分考えられる。ウサギを飼っている場合は、雄と雌を別の個室で飼うこと。交尾によって排卵するので確実に妊娠する。決して耳を持たないこと。できれば、抱いたりせずに、ふれる程度にする。さわり過ぎると、ストレスで毛が抜けたり皮膚炎を起こしたりする。また、抱くことによって、ひっかかれることがある。

### 指導計画

❶育てる生きものは、多少の作業を要し、成長、繁殖が確認できるものを選ぶ。

1年生で扱った野菜を繰り返し育てると、1年生で見つけられなかったことが発見できることもあります。赤丸ハツカ大根は手軽に育てられるので、何度でも扱ってみるとよいでしょう。

❷取り上げたい生物と時期は152ページの表のとおり。

＊ヒマワリは花が終わった後、種子ができる様子を観察します。

夏休みの間に大風で倒れないように、支柱を立てておくとよいです。種子は落ちやすいので、熟したころを見計らって、ネット（紙袋）をかぶせると安心です。
＊アメンボ、ヤゴ、ゲンゴロウはプールでも見つけられることがあります。別々の水槽にプールの水を入れて飼います。
＊カマキリやバッタはえさの食べ方や、交尾と産卵を見ることができます。
☆２年では下記表のものと決まっているわけではありません。１年のものも参考にしていただきたい。

| ・植物 | ・動物 |
|---|---|
| ヒマワリ、ナス（苗）……５～10月末 | アメンボ、ヤゴ、ゲンゴロウ……７月 |
| 三寸ニンジン……４～７月 | アゲハチョウ……５～10月 |
| ダイズ……４・５月～９・10月 | モンシロチョウ……５～７月 |
| ブロッコリー……７～１月 | カマキリ（幼虫）……５月～ |
| ラッカセイ……５～10・11月 | バッタ、コオロギ……９～11月 |
| コマツナ……10～４月 | ザリガニ……５～11月 |
| キャベツ（苗）……11～５月 | |

＊すべてをやる必要はありません。可能なものを取り上げます。

## （1）野菜の育て方

### ダイズを育てる

・若いうちに収穫すると、「えだまめ(枝豆)」として楽しめます。完熟させたダイズはよく乾燥させ、石臼でひくと「きなこ」ができるし、炒って「節分」の豆まきにも使える。また、脱脂綿や、スポンジの上にまいて、暗いところで育てると「豆モヤシ」ができます。
・夏休みに入る前に収穫するために、４月下旬にはたねをまくようにします。
・肥料は豆科の植物にはあまりいりません。根に根瘤バクテリアができ、空気中の窒素を固定して窒素化合物をつ

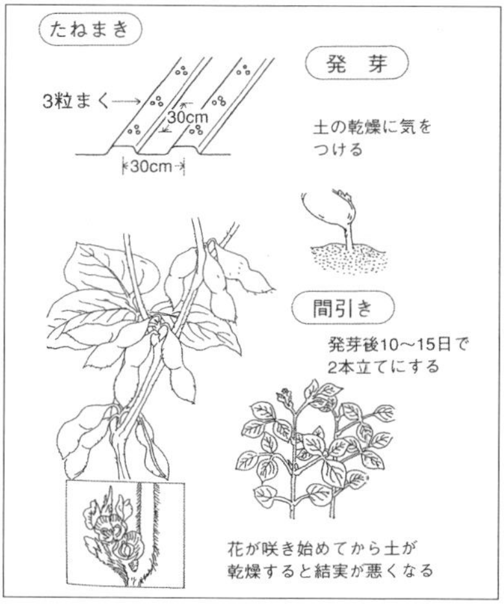

くり、これが植物の肥料となります。少し草木灰を施すと育ちがよいです。
・花が咲いたら観察します。豆科の特徴ある花で、カラスノエンドウの花も同じつくりをしています。サヤエンドウ、ソラマメも同じ。実、種子のできるのを見ます。

## ナスを育てる

・インド原産のナス科の植物で、トマト、ジャガイモと似ている花を咲かせます。
・苗を求めて植えつけます。１週間ぐらい新聞紙をまいて直射日光を半ばさえぎってやると、根のつきがよくなります。
・40*cm* 間隔で深さ 30*cm* の植え穴を掘り、底に堆肥などを入れて土をかぶせた上に植えつけます。
・植えつけてから２週間目ごろに、肥料をチッソ２、リンサン１、カリ２の割合で与え、２週間に１回株の周りに追肥をします。
・生長したら、わき枝をかりとってやると長い間収穫が楽しめます。

＊都政新報 1988.5.17　第 3486 号　記事・下図参照

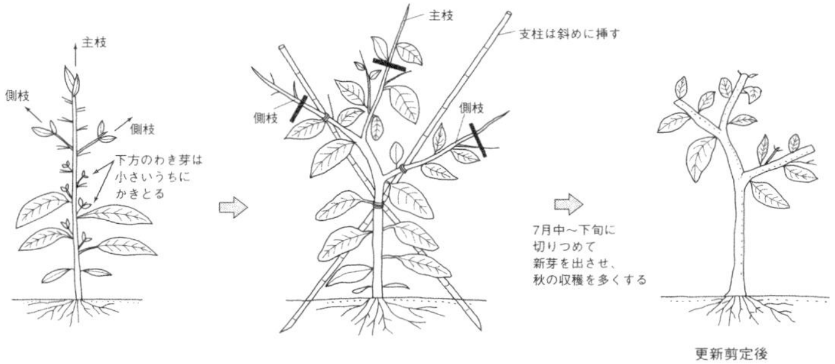


・アブラムシ、テントウムシダマシがつきやすいので、見つけたら取ります。
・夏の高温乾燥で生育が衰えると、ハダニの被害が大きくなるので、灌水や追肥を十分行ない、乾燥を防ぐために、敷きワラをし、じょうぶに育てるようにします。

## ブロッコリーを育てる

・花を食べるので「花ヤサイ」といわれています。
・苗を求めて植えると育てやすいです。朝の涼しいうちに植え、カンレイシャかよしずで日覆いをしておきます。
・長岡交配系の品種は頂上の花蕾を収穫する葉腋に小さい花蕾が出てくるので引き続き収穫ができる。
・栽培は図を参考に（都政新報　第 3504 号　1988.7.16）

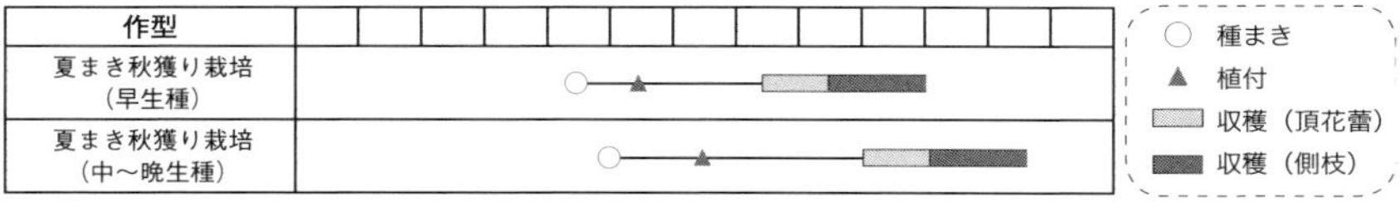


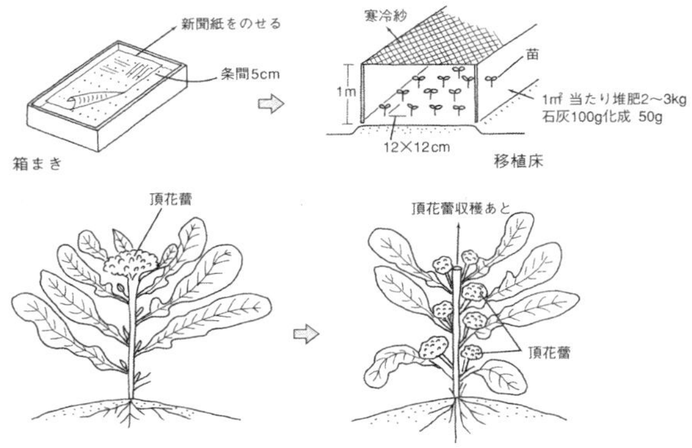


## コマツナを育てる

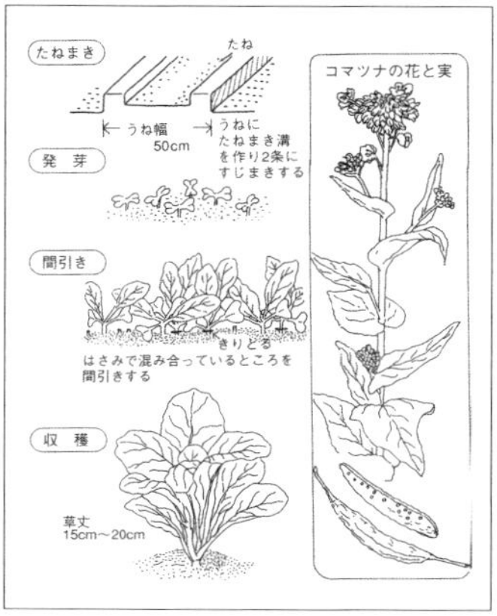


・アブラナ科の植物。１年間を通して栽培できる育てやすい植物。病害はほとんどないが、アオムシやヨトウムシがつくことがあります。アオムシは箸ではさみ取り、飼育してみるのも良いです。
・２～３株は残しておき、花を咲かせ、結実するのを待ちます。そして、種子取りをします。

## （2） 昆虫・ザリガニなどを飼う

### カマキリやバッタを飼う

・イネ科の植物が生えているところでたくさん見つけられます。
・バッタのえさは、ばったのいたところの草（エノコログサ、メヒシバ）や、リンゴがよいです。
・エノコログサ、メヒシバを根っこごと取って、水槽に入れた土の中に植え込んでおく。時々、表面の土（ふんなど）や食べ残しの草を取りのぞいてやります。
・カマキリの小さいときは、アブラムシがついている草や枝を飼育箱の中に入れてやると食べます。大きくなったカマキリを飼うときは、バッタやコオロギを時々入れてやると捕食が見られます。
・昆虫は脱皮して大きくなります。
　その姿と、交尾して産卵する様子も見られるので、雄と雌の両方を入れておくとよいです。

■カマキリ

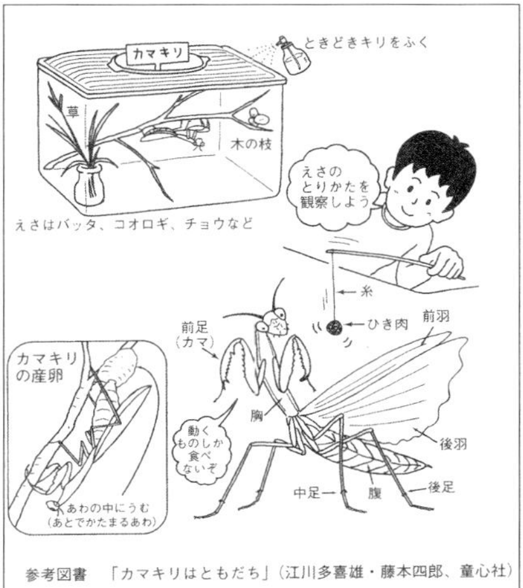


参考図書　「カマキリはともだち」（江川多喜雄・藤本四郎、童心社）

■バッタ

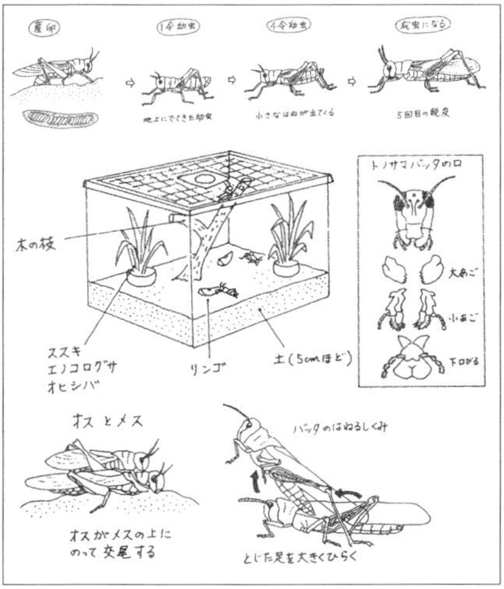

## ザリガニを飼う

・洗面器でも飼えますが、大きめの水槽を用意し、2～3匹飼ってみるとよいです。
・水槽には砂利を敷き、木片・あきびんや、割れた植木鉢などの隠れ場所をつくってやるとよいです。
・金魚藻などの水草を入れておくと水中に酸素が生じて、水の取りかえの回数が減ります。
・水替えは1日おきぐらいに、くみ置きした水を使います。
・えさは何でも食べますが、ミミズ、煮干し、スルメ、シラス、パンのみみ、金魚のえさなど手頃なものを与えます。やりすぎないことです。
・オスとメスを入れておくと、交尾し、メスのからだに付着しているたまごから、幼生が孵化するのが見られます。成長するために脱皮する姿も見られます。

■ザリガニ　（としのり）

# 4 ものさがし

## （1）空気さがし

**単元のねらい**

空気は、身近にあり、自転車のタイヤやボールなど、生活の中で道具として利用されたりもする親しみやすい気体です。しかし、空気は目に見えなくて、とらえにくいものでもあります。

空気には体積と重さがありますが、普段、空気の重さを感じて生活しているわけではないし、空気が場所を占めているということも、実感しているわけではありません。

この単元では、空気が水の中では泡として見えるという特徴を活かして、その存在を確かめ、空気の持つ弾力性、場所を占めるということなど、ものの本質に迫る事柄を学習していきたいと思います。

**学習内容**

❶空気は閉じ込めるとふわふわとした弾力がある。
❷空気が入っているところには、水が入らない。
❸空気は水の中で泡になる。
❹空気はどこにでもある。

**教材**

❶ビニール袋で空気を閉じこめ、さわると、ふわふわしている。
❷大きなビニール袋に空気を入れると、人が乗れるクッションができる。
❸コップを逆さまにして水槽の中に入れると、コップの中に水が入らない。
❹水槽の中に入れた逆さまのコップを、横に向けると、空気が出て行き、コップの中に水が入る。
❺空気を閉じこめたビニール袋の穴は、水の中に入れると、泡が出てくることで見つけることができる。
❻自転車のパンクの穴を見つけるために、チューブを水の中に入れ、空気（泡）が出ているところを探す。
❼いろいろなものを水の中に入れ、空気があるか調べる。

**指導計画（8時間）**

❶教室の空気をつかまえよう（2時間）
❷空気が出ると、水が入る（2時間）
❸ビニール袋の穴をさがそう（1時間）
●つけたし……自転車のチューブの穴さがし
❹かくれた空気を見つけよう（1時間）
❺空気を使ったおもちゃをつくろう（2時間）

## 学習の展開

### 教室にある空気をつかまえよう（1、2時間目）

**●ねらい**

空気を使って十分に遊び、たくさん気づきを引き出す。
空気を閉じこめた袋が、ふわふわしていることがわかる。

**●必要なもの**

輪ゴム、中くらいのビニール袋（たくさん）、大きいビニール袋（グループ分＋α）、セロハンテープ

**＜展開＞**

①「教室のここ（空間で手を動かして）、何がありますか？」

話し合いを通して、空気は教室にあるということを確かめます。

②「この空気をつかまえたいんだけど……？」

思いつきを出させた後、ビニール袋で空気をつかまえてみましょう。

③「空気が入っているのは、どうやったらわかる？」

ビニール袋の入口を開けてしゅーっと出してみるとわかります。

④「空気のクッションをつくりましょう」

一人ひとりが空気を入れた小さなビニール袋を大きなビニール袋に入れる。人が乗ってもつぶれない空気のクッションができる。

### ⑤「やったことを書いてみましょう」

「ふわふわの　クッションは　きもちよかった」
　今日の３時間目に空気をつかまえました。教室に空気があるかつかまえることにしました。空気を袋でつかまえました。わたしはこう思いました。フワフワしているから空気が入っているかなと思いました。最初につかまえたときはすごくふわふわしていて、さいごにあんまりふわふわしていなかったです。だからさいごに空気をつかまえたのは、あんまり空気が入っていないと思いました。こんどはグループになって大きいクッションを作りました。大きいふくろにいっぱい空気を入れたふくろを入れました。そのあとにクッションができて、クッションにのったらきもちよかったです。楽しかったです。おもしろかったです。

## 空気があるところに、水は入らない（3、４時間目）

**●ねらい**

空気があるところに、水は入らない。

**●準備**

教師用の見本用として、プラスチックコップに小さな穴を開けておく。

**●必要なもの**

透明な水槽（グループ＋$\alpha$）、透明なコップ（グループ分）、付箋紙、ラップ、穴を開けたプラスチックコップ

**＜展開＞**

### ①「コップの中の紙は、水にぬれるかな？」

　コップの中に紙を押し込み、コップの口を下にして水の中に入れる実験をします。水に入れる前に、子どもたちに予想させます。

### ②「コップを逆さにして、水の中に入れてみましょう」

　まずは教師がやって見せた後、各グループに道具を渡し、実験します。実験している間も、気づいたことは話をするように促します。

### ③「コップの中にある紙をぬらす場合は、どうしたらいい？」

「コップを横にすればいい」と答えが返ってきたら、各グループでやってみます。空気が泡になって出て行ったから、水が入ってきたことに気づくとよいでしょう。

### ④「やったことを書きましょう」

「ぼくは、ふむふむと、心でわかりました」
　今日、ぼくは空気の勉強をしました。紙はぬれる？ぬれない？で、ぬれない人は20人で、ぬれる人はぼく1人でした。で、やりました。ぬれなかったです。ぼくはふむふむと心でわかりました。空気があるからぬれなかったのです。で、先生が今度はどうやったらぬれるかをやりました。横とか、ななめにすればいいとやりました。先生が言いました「どうしてぬれたの？」空気がなくなるとぬれるのです。

**<つけたしの実験>**

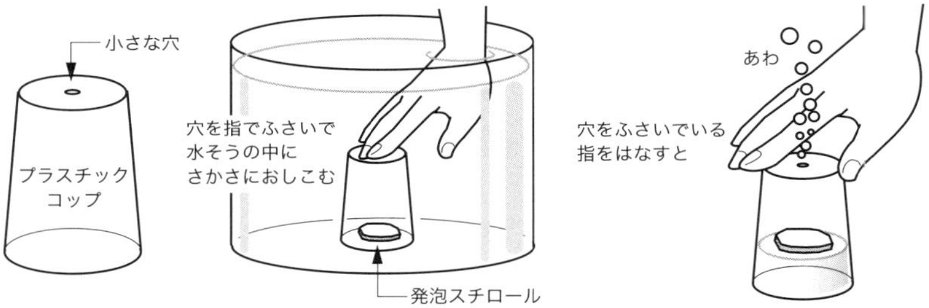


①水面に小さなスポンジを浮かべ、プラスチックコップを逆さにして水の中に入れる。
②小さな穴を開けたプラスチックコップを水中にしずめ、穴から泡（空気）が出ると水が入るのを見る。

## 目に見えない空気を水の中で見つけよう（5時間目）

**●ねらい**

空気は水の中で泡になって見える。

**●必要なもの**

布製のガムテープ（グループ分）、中サイズのビニール袋（人数分）、丸形水槽（グループ分）、パンクした自転車のタイヤのチューブ（自転車屋で無料でもらえる）

**<展開>**

**①「空気がいっぱい入っていたはずのビニール袋がふにゃふにゃ？」**

穴が開いて、ふにゃふにゃになったビニール袋と、空気をつめて、パンパンになっているものも見せます。

**②「ビニール袋の穴はどうやったら見つかるかな？」**

ビニール袋から空気が抜けているところを確認し、穴をふさぐために、穴さがしをさせます。前の時間で学んだ「空気が泡になって見える」特徴を活かしたりして子どもたちは考えます。

また、空気が抜けているビニール袋を渡し、水の中に入れて、空気が抜けているところを見つける。

**③「パンクしたタイヤを見つけよう。どうしたら見つけられる？」**

どうして空気があるかどうかがわかったのかを確認します。泡が出たから空気があった、という答えを引き出しましょう。

**④「やったことを書きましょう」**

「ブクブク空気がぬける」

今日、４時間目に先生が「ふくろをパンパンにしたんだけど、どこからか空気がでているんだけど、とうめいだからわからないんだ。どうやったら空気がぬけているのがわかる？」とせんせいがいいました。そして、水の中に入れて、空気の出るところをさがすことにしました。

一ふくろずつみんなもらって、ふくらませてやりました。さいしょはＳくんがやりました。水の中でおしてみたら上の方からブクブクと出てきました。

「じてんしゃやさんの人からパンクのタイヤをもらった」と言って、先生がもってきました。大きいパンクしているタイヤがありました。水の中にタイヤを入れると、ぶくぶくとなりました。そこにガムテープでとめてシュシュとおしたら、さっきよりパンパンになりました。さわりごこちがよかったです。

## かくれた空気を見つけよう（６時間目）

**●ねらい**

空気はいろいろなところにある。ペットボトル、空き缶、スポンジの順で水の中に入れ、の順で、空気があることを確かめる。

**●必要なもの**

コップ、スポンジ、ぞうきん、空き缶など、丸形水槽（グループ分）

### ＜展開＞

①「かくれた空気をさがそう。ペットボトルの中に空気はあるかな？」

②「空き缶の中に、空気はあるかな？」

③「スポンジには、空気はあるかな？」

④「教室にあるもので、空気が入っているかどうか、確かめてみよう」

どうして空気があるかどうかがわかったのかを確認します。泡が出たから空気があった、というようにします。

⑤「やったことを書きましょう」

「いろいろなものに空気があるかたしかめられた」

今日、３時間目に水に入れて空気があるかじっけんをしました。さいしょにペットボトルを水に入れてじっけんをしました。そしてじっと見ていたら、空気がありました。なんで空気があるってわかるりゆうは、ブクブクが出てくるから、空気があるってわかりました。

そのあとにかんを水の中に入れて、また空気があったので、ぶくぶくが出てきました。水に入れたから、空気のぶくぶくが出てきました。そのあとにいろんなものを水に入れて、空気のぶくぶくが出るかじっけんしました。さいしょにけんばんハーモニカのふくところを水の中に入れてみたら、またぶくぶくがでてきたから、空気が入っていました。その次に、はっぱを水に入れてぶくぶくがでてきたので、また空気が入っていました。

さいごにえんぴつを水に入れたら、ブクブクが出たので、空気がありました。いろいろなものを水に入れて空気があるかたしかめられたので楽しかったです。

## ペットボトルのエアーポットづくり（7、8 時間目）

**●ねらい**

空気を吹き込むと、水が出る。

**●準備**

見本として、１つペットボトルのエアーポットをつくっておく。

**●必要なもの**

500mℓ ペットボトル（1人2本）、粘土（撥水性のものがよい）、ストロー

### ＜展開＞

**①「空気を吹き込むと、水が出ることをやってみせる」**

見本として教師がつくっておいたものを見せながら説明します。

**②「つくってみましょう」**

**③「やったことを書きましょう」**

### ＜ペットボトルのエアーポットのつくり方＞

①片方のストローを短く切る（もう片方は長いまま）。ペットボトルに水を入れ、ストローを入れて粘土で口をふさぐ。
②短いほうのストローに息を吹き込むと、長いストローから水が出る。

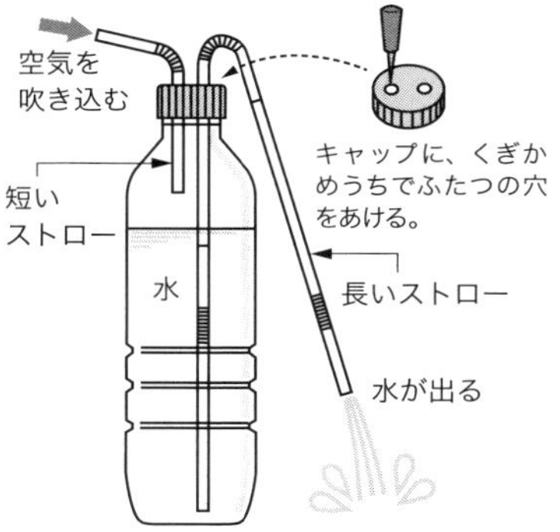

## （2）あま〜い水、から〜い水

### 単元のねらい

調理をする機会のあまりない低学年の子どもたちが、日常生活の中で「ものを水に溶かす」という経験をすることは、ほとんどありません。この単元では、砂糖や食塩を使って、「細かくする」「かき回す」などの、水に溶かすための技術を体験させます。また、この授業を通して「溶ける＝透明になる」ことや、「溶かすと味がある」ことを意識するようにすすめます。

ものを溶かすときは、細かく砕いたり、かき回したりすると速く溶けること、砂糖は塩よりたくさん水に溶けることを体験でとらえさせます。無理に高学年につながる知識にしようと取り組むのではなく、子どもたちの手足を使った自然やものに働きかける学習として大切にしていきましょう。

### 学習内容

❶塩を水に溶かすときに、細かく砕いたり、かき回すと、速く水に溶ける。
❷砂糖は塩よりたくさん溶ける。

### 教材

❶氷砂糖は、砕くと速く水に溶ける。
❷砂糖を水にたくさん溶けて、あま〜い水になる。
❸塩は水に、砂糖ほどは溶けないが、から〜い水になる。
❹モールに食塩水をしみこませて乾燥させると食塩の粒がつく。

### 指導計画（4時間）

❶あまーい水づくり（1時間）
❷べっこう飴づくり（1時間）
❸からーい水づくり（1時間）
❹モールに食塩の結晶をつける（1時間）

## 学習の展開

### あまーい水づくり（1時間目）

●ねらい

細かく砕いたり、かき回したりすると、水に速く溶ける。

●必要なもの
氷砂糖、プラスチックのコップ、わりばし、木鎚（以上、グループ分）

## ＜展開＞

**①「これは氷砂糖といいます。今日はこれを水に溶かしてみましょう」**

プラスチックコップを配り、水を入れます。
水の中に氷砂糖を入れ、わりばしでかき混ぜて水に溶かします。

**②「小さくなってきた？　どうやったら速く水に溶かせるかな？」**

なかなか水に溶けないことを確認し、速く水に溶かすためのアイデアを引き出します。「細かくする」「かき回す」など意見が出るでしょう。

**③「氷砂糖を砕いて水に入れてみましょう」**

砕いた氷砂糖を配ります。細かくなった氷砂糖を水に入れ、わりばしでかき回します。子どもたちから「溶けた、溶けた」という声が聞こえてきたら、次の発問をします。

**④「どうして溶けたと思ったのですか？」**

「砂糖の粒が見えなくなったから」という答えが出たら、次の発問をします。

**⑤「氷砂糖はなくなってしまったのかな？」**

子どもたちから「なくなってないよ」「なめてみれば甘いから、なくなってない」などの考えが出るでしょう。なめて確認をします。

**⑥「やったことを書きましょう」**

　はじめにこおりざとうを水に入れた、もやもやが出てきて、だんだん小さくなってきた。けど、とけるのがおそいからこおりざとうをトンカチでたたいて、小さくしてから、水に入れてかきまぜました。そしたら、すぐにさとうがみえなくなりました。だんだんとうめいになりました。さいごにのんだら、あまかったので、見えなくなってもさとうはある。

## べっこう飴づくり（２時間目）

**●ねらい**

砂糖はたくさん水に溶ける。

**●必要なもの**

プラスチックのコップ（100*mL*）、砂糖（100*g*）、スプーン、わりばし、おたま、ガスコンロ（実験用コンロ）、竹串（人数分）、アルミ箔

### ＜展開＞

#### ①「あまーい砂糖水をつくろう」

どうすれば砂糖が溶けやすくなるかを話し合い、「細かくする」という答えを導き出したら、２人組みにさせ、やり方を説明します。

「茶さじ１杯分が全部水に溶けたらつぎの１杯を入れてよい」と約束してはじめます。

#### ②「やったことを書きましょう」

きょう、水をあまくするじっけんをしました。ぼくたちは 27 はいさとうを入れました。こまかくしてあるさとうを入れました。やり方は、プラスチックコップのはんぶんまで水を入れて、スプーンでぎりぎりまでさとうをすくいます。さとうを水に入れて、わりばしでよくかきまわして、さとうのつぶが見えなくなったら、また１ぱいずつ入れました。10 ぱいぐらいで、とけるのに時間がかかるようになりました。

#### ③「べっこう飴をつくろう」

あまーい水ができたところで、べっこう飴づくりをします。なめてみると甘いことから、砂糖のかたまりであることを確かめます。

### ＜砂糖の溶かし方＞

①プラスチックのコップの半分まで水を入れる。
②１人がスプーンで砂糖をすりきり１杯入れ、わりばしでかき回して溶かす。
③もう１人は、完全に溶けたら（砂糖が見えなくなったら）、「溶けた！」と言い、次の１杯を入れる。
④何杯入れたか、記録しておく。
⑤いくらかき回しても、粒が残って、溶けなくなったら終わり。

**<べっこう飴のつくり方>**

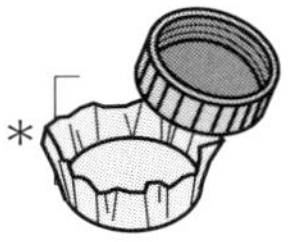


①アルミ箔をペットボトルのふたで型取り、小さな入れものをつくる。

②①でつくったアルミ箔の入れものに竹串をさす。

＊③・④は、教師が行なってください。

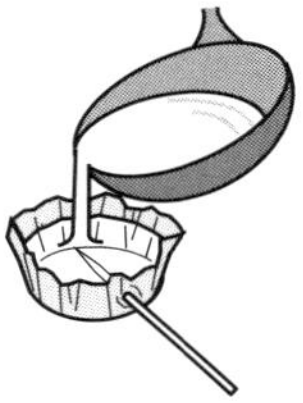

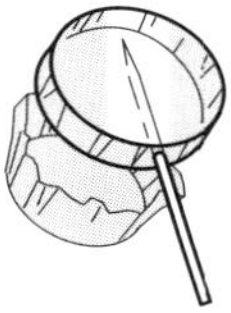

③おたまの上に甘い水を入れる。

④ガスコンロで②をあたためる。あたたまったら、③を流しこむ。

⑤冷やし固めて、アルミ箔をはがす。

## からーい水づくり（3時間目）

**●ねらい**

塩は水に、砂糖ほどは溶けない。

**●必要なもの（2人分）**

食塩（砂糖のときと同じくらいの量）、プラスチックコップ、わりばし、スプーン

**<展開>**

### ①「からーい水をつくろう」

水に溶かすときの決まりは、砂糖を溶かしたときと同じであることを確認し、材料を配ってはじめます。溶かしはじめると、すぐに溶けなくなってしまいます。

### ②「塩はなくなったのかな？」

「なくなってないよ。なめてみればわかる」という声がすぐに出るでしょう。指先につけて味見させます。たくさんなめないようにしましょう。

### ③「やったことを書きましょう」

## 塩の結晶づくり（４時間目）

**●ねらい**

塩が溶けた水を置いておくと、塩が出てきてモールにつく。

**●準備**

見本として、あらかじめ、でき上がった塩の結晶をつくっておく。

**●必要なもの（１人分）**

モール１本、わりばし、前回つくったからい水

### <展開>

### ①「塩のかざりをつくろう」

教師がつくったモールについた塩の結晶の見本を見せ、つくりたいという意欲を持たせます。

### <塩の結晶のつくり方>

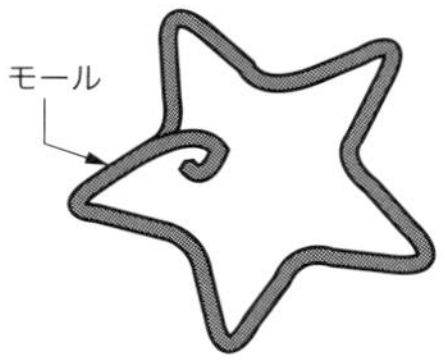


①モールを好きな形にする。

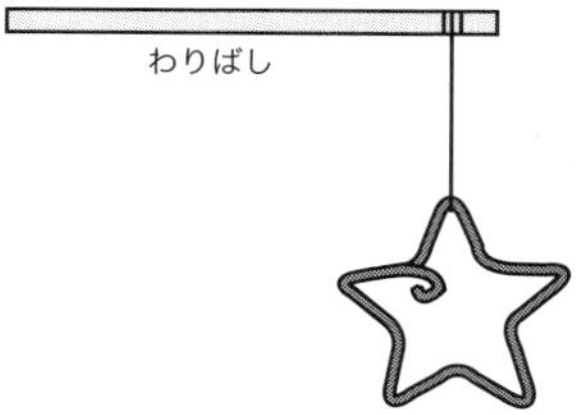


②好きな形にしたモールをわりばしにぶら下げる。

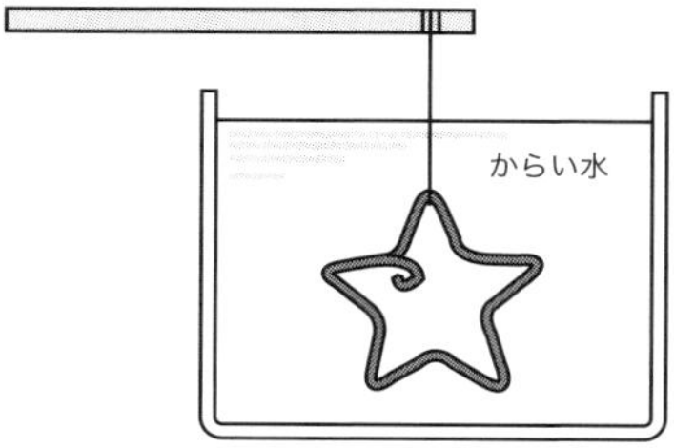


③前回つくったからい水の中にモールを入れる。

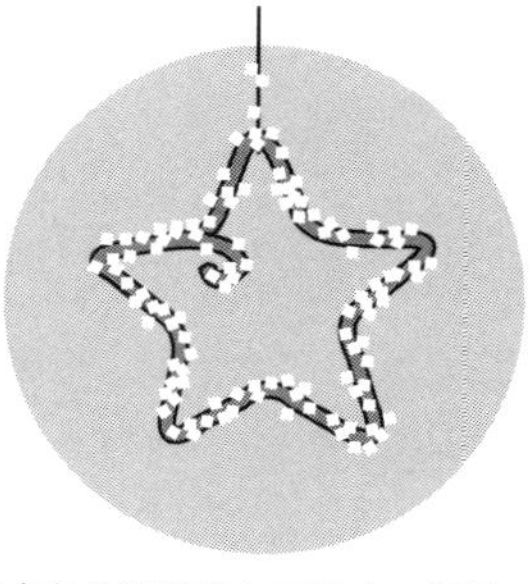

④③を水から取り出して干す。何日かたつとでき上がってくることを説明します。

# 5 おもちゃづくり

## （1）水でっぽうと水ぐるま

### 単元のねらい

もともと子どもたちは楽しい水遊びが大好きなはずですが、最近は、外遊びが少なくなり、小学生の水遊びを見かけることが少ないように思います。水遊びをする機会をつくりたいものです。

水をとばして遊んだり、水をぶっつけて回るものをつくったりして、水に親しむと同時に、水を使って動くものをつくることのおもしろさを味わわせたいと思います。

### 学習内容

❶水は、出口をせばめるといきおいよくとび出す。
❷「水でっぽう」は、小さな穴からいきおいよく水がとび出す。
❸ペットボトルの底に近いところに穴を開けると、ふたをゆるめたときに水が出る。
❹紙パックを使った「水ぐるま」は、羽根に水がぶつかると回る。

### 教材

❶水道の蛇口にゴム管をつけ、先を細くして水を出すと水が遠くへとぶ。
❷ペットボトルやシャンプーなどの空びんに水を入れて押すと、水がとび出す。
❸ペットボトルの底に近いところに穴を開けると、ふたをゆるめたとき水が出るじょうろになる。
❹紙パックを切り開いて羽根をつくって水をあてると、よく回転する。

### 指導計画 （6時間）

❶水道の蛇口にホースを取りつけ、水をとばす（1時間）
❷水でっぽうをつくる（3時間）
❸ペットボトルじょうろをつくる（1時間）
❹紙パック（直方体）で水ぐるまをつくる（2時間）

## 学習の展開

### 水道から出る水をとばす（１時間目）

**●ねらい**

水道から出る水は、出口をせばめるといきおいよくとび出す。

**●準備**

校庭の水道をできるだけ多く利用できるようにする。

各蛇口に、１*m*ほどのホース（子どもの指の力でつぶせるもの）をつける。水にぬれても着替えができるような支度をさせる。

**<展開>**

**①「水道から流れ出る水を、いきおいよくとばしてみましょう」**

校庭で行ないます。水道につないだホースから水を流しながら、「これをいきおいよくとばすにはどうするかな？」と問います。「ホースの出口を押さえる」などの答えが出るので、答えにあわせて、試してみます。

**②「グループに分かれて比べっこをしてみましょう」**

水道の数に合わせグループをつくります。友だちとやり方を見せ合ったりして、どうしたら、遠くまでとばせるか実際にやってみます。

水をかけられてぬれる子がいても、しからずに、みんなでたのしく水とばし遊びをするようにします。

**③「やったことを発表し合いましょう」**

１つの水道に、みんながあつまって、発表し合います。前方に遠くだけでなく、高くとばしたという発表もよいでしょう。

**④「ほかに気がついたこと、ふしぎだなーと思ったことありませんか」**

霧のようにとんだ水の中に、虹が見えたという子がいるかもしれません。思いついたことでよいので、あまり追求しないようにします。

**⑤「やったことを書きましょう」**

## ◎あきポリびんで水でっぽうをつくる（２時間目）

**●ねらい**

あきポリびんに水を入れて押すと、水がとび出す。

**●準備**

洗剤やシャンプーなどのあきポリびんを、授業で使うことを前もって家庭に知らせ、子どもたちに持ってこさせる。

**●必要なもの**

あきポリびん（各自用意）、バケツ（グループ分。人数によっては２つずつ）

### ＜展開＞

**①「洗剤やシャンプーなどのあきポリびんで､水をとばしてみましょう」**

校庭の水道でバケツに水を満たし、実際にあきポリびんをみんなに見せながら、説明します。

**②「友だちと、遠くまでとばす競争をしてみよう」**

グループごとに、ポリびんの口から水のとばしっこをします。水かけ遊びになってもよいでしょう。

**③「ポリびんに、どうやって水を入れましたか」**

しばらく遊んだら､集合させ､この質問をします。出てきた意見の中で、どれが便利かを話し合います。

「びんをつぶすと速く水を入れられてよいが、びんに水をいっぱい入れるのはむずかしい」という声が出ればとてもよいでしょう。

「水の中でびんをつぶすと、空気がぶくぶくと出て水が入る」、という発言があったら、「すごいことを見つけたね」と共感します。くわしい説明は不要です。これは、空気の学習につながります。

**④「どうやったら、遠くまでとばせたかな」**

びんを押す方法、びんの口の向け方などが出るでしょう。いろいろな意見を、実際にみんなでためしてみます。

**⑤「やったことを書きましょう」**

## ポリびんに穴を開けた水でっぽう（3、4時間目）

**●ねらい**

ポリびんに穴を開けても、水をとばすことができる。

**●準備**

ポリびんの口に栓ができるものを、授業で使うことを前もって家庭に知らせ、子どもたちに持ってこさせる。

**●必要なもの**

ポリびんの口に栓ができるもの（各自用意）、目打ちまたは5cmほどの鉄釘と金槌（人数分）

### <展開>

**①「今日は、ポリびんに穴を開けて水でっぽうにしよう」**

教師がつくったものを示し、穴の開け方を教えます。目打ちの場合は、柄を持ってさしこむようにするとよいです。

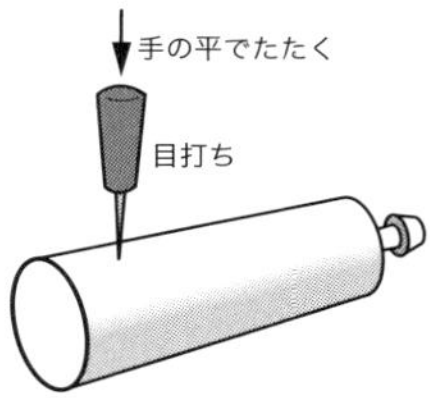


かたいときは、手で柄をたたき、釘の場合は、金槌でたたくようにします。

**②「みんなでやってみましょう」**

各自、ポリびんに穴を開けさせ、できた子から校庭に出て水をとばしてみます。全員が完成させ、水をとばせるようになったことを確認します。

**③「もっと工夫して、新しい発見をしたら、先生に教えてください」**

全員ができたら集合させ、穴を開けたところと異なるものがあったら、それをみんなに見せ、違うところに穴を開けても水がとばせたことを確認し合います。そして、いろいろな工夫してみるよう促します。

**④「やってみたことを発表し合いましょう」**

穴を２つ開ける子、３つ開ける子などが出るでしょう。また、穴の開け方で、水のとび方が違うことを見つける子もいるでしょう。

**⑤「やったことを書きましょう」**

## ◎ペットボトルじょうろ（5時間目）

**●ねらい**

ペットボトルの底のほうに、いくつかの穴を開けると、ふたをゆるめたときに水がシャワーのように流れ出る。

**●準備**

ペットボトル（ふたをねじ込むと、口がしっかりしまるもの（500*mL*）を、授業で使うことを前もって家庭に知らせ、子どもたちに持ってこさせる。

**●必要なもの**

ペットボトル（各自用意）、目打ち

**＜展開＞**

### ①「ペットボトルで水をとばしてみよう」

ペットボトルの底に近いところに、２～４個の穴を開けて、水を押し出してとばします。

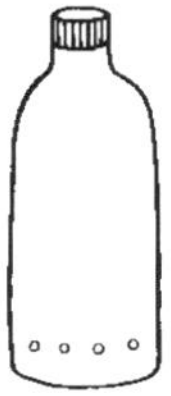

### ②「押さなくても、水を出したり、止めたりできるかな？」

水をとばして、しばらく遊んだ後で、上記の問いを投げかけます。気づいている子がいたら発表させます。誰もいないときには、教師が、栓をゆるめると水が出て、栓をしめると水が止まることをやってみせます。これは、じょうろになることも教えます。

### ③「やったことをノートに書きましょう」

## ◎水ぐるまづくり（6、7時間目）

**●ねらい**

水ぐるまは、羽根に水がぶつかるとくるくる回る。水ぐるまの羽根は、水にぬれてもよいものでつくる。

**●準備**

牛乳・ジュースなどの直方体の紙パック（1000*mL* 用）を、授業で使うことを前もって家庭に知らせ、子どもたちに持ってこさせる。

見本用に水ぐるまを１つつくっておく。

● **必要なもの**
牛乳・ジュースなどの直方体の紙パック（1000*mL*用・各自1箱ずつ用意）、竹ひご（1人4本：教師）、輪ゴム（1人2本：教師）、はさみ、水車（教師）

## ＜展開＞

### ①「これが水ぐるまです。水を当てると回りますよ」

実物に水を当てて回してみせます。

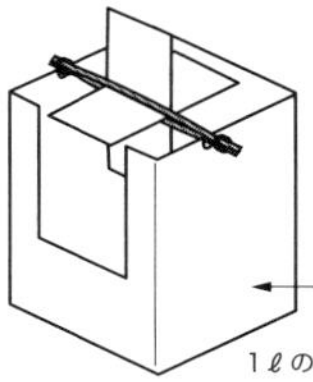

教師が見せるもの

### ②「紙パックで水ぐるまをつくろう」

牛乳やジュースなどでぬれてもだいじょうぶな紙であることに気づかせ、この紙パックを使って水ぐるまをつくることを話します（教師がつくったものを水で回してみせる）。

教室にもどって、つくり方を教えます。

グループになってつくるようにします。つくり方がよくわからない子も、前や横にいる友だちのつくっているのを見てつくることができる。また、教え合うことも容易です。

### ③「でき上がったら、実際に回してみましょう」

でき上がった子から、校庭の水道で回してみます。うまく回らなかったら、どこが悪いか考えてつくり直させるとよいのです。

児童数だけ蛇口がある学校はほとんどないでしょう。ペットボトル（2000*mL*か1500*mL*）を用意しておき、これに水を入れて、上から羽根に当たるように落とすこともできるようにするとよいでしょう。

### ④「やったことをノートに書きましょう」

### <紙パックを使った水ぐるまのつくり方>

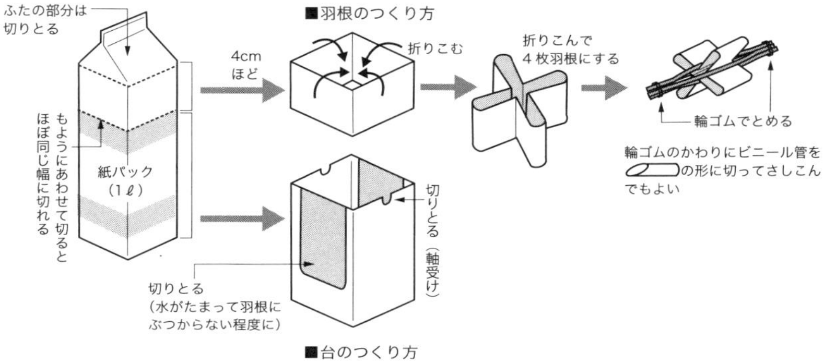


## （2）ゴムで動くおもちゃ

### 単元のねらい

　ゴムは子どもたちの身近にあり、見つけると、すぐに手にとってとばして遊びだします。このゴムを動力にしたおもちゃづくりに取り組んでみました。まず、ゴムの伸びを利用した、しくみの簡単なおもちゃづくりからはじめ、じょじょに複雑なしくみのものへと発展させてみました。

### 学習内容

❶ゴムを伸ばすと、ちぢむときにものをとばす。
❷ゴムをねじると、ねじれがもどることでものが回る。
❸紙コンパスを使うと円が描ける。

### 教材

❶紙を円形にしたものを輪ゴムでとばすと、よくとぶ。
❷わりばしに輪ゴムを取り付けるとわりばしでっぽうになる。
❸厚紙に輪ゴムを取り付けるとピョンとはねるものになる。
❹輪ゴムに粘土をつけて輪ゴムをねじると、コトコトと進むものができる。
❺フィルムケースに輪ゴムを取り付け、ねじるところがるものになる。

### 指導計画（8時間）

❶ゴムの伸びを利用したおもちゃ①——円ばんとばし（4時間）
❷ゴムの伸びを利用したおもちゃ②——パッチンがえるづくり（1時間）
❸ゴムのねじれを利用したおもちゃ①——コトコト車づくり（2時間）
❹ゴムのねじれを利用したおもちゃ②——カタカタ車づくり（1時間）

# 学習の展開

## 牛乳キャップで円ばんをつくろう（1時間目）

**●ねらい**

牛乳キャップを輪ゴムにかけて引っぱると遠くにとぶ。

**●必要なもの**

牛乳キャップ、輪ゴム、はさみ

**＜展開＞**

### ①「牛乳キャップを円ばんのように遠くへとばそう」

牛乳キャップを配り自由にとばして遊ばせます。教師が指でとばしてみせます。そのうちに、子どもたちの中から牛乳キャップをとばすのに輪ゴムを使う子が出てきます。

子どもたちが自分から輪ゴムに気づくよう、教室のすみに日ごろから輪ゴムや牛乳キャップを置いておき、自由に使えるようにしておくとよいでしょう。もし､子どもたちから考えが出ないときは､教師が輪ゴムでとばしてみせます。

### ②「牛乳キャップに切り込みを入れ、輪ゴムをかけてとばしてみよう」

輪ゴムをはなす瞬間に、前のほうの手をすっと下に引くとよいでしょう。

教師がまず、遠くへとばせるよう、よく練習しておくことが大切です。

両手を一度にはなしてしまったり、キャップを自分に向けてとばしてしまったりして、うまくとばせない子は、上手にとばせる子に先生になってもらいます。

### ③「やったことをノートに書きましょう」

## 発射台をつくってとばす（２時間目）

**●ねらい**

発射台をつくると、牛乳キャップを手にぶつけないで遠くへとばせる。

**●必要なもの**

わりばし、輪ゴム、セロハンテープ、牛乳キャップ

**①「キャップをとばすとき、輪ゴムが手に当たらないようにできないかな」**

前の時間に円ばんとばしをやっていると、輪ゴムが指に当たって痛いと言い出す子が必ずいます。そんな体験をした子の中には、鉛筆の先に輪ゴムをセロハンテープでとめて発射台をつくり出す子がいました。

**②「わりばしに輪ゴムを取り付けてとばそう」**

**③「やったことをノートに書きましょう」**

## いろいろな形の円ばんをつくってとばす（３時間目）

**●ねらい**

紙コンパスを使うといろいろな大きさの円ばんができる。

**●必要なもの**

工作用紙、紙コンパス、画びょう、鉛筆、はさみ、段ボール板（工作板）

**＜展開＞**

**①「もっと大きな円ばんをつくろう」**

牛乳キャップの円ばんとばしをしていると、「もっと大きな円ばんをとばしたい」と言う子も出てきます。その声に応えて、紙コンパス（P.97 参照）を使って工作用紙に円を描く方法を教え、いろいろな大きさの円ばんをつくってとばして遊びます。

紙コンパスを使うときは、段ボールを机の大きさに切ったものを下敷きにするとよいです。段ボールに画びょうがつきささり、作業がしやすいのです。

**②「やったことをノートに書きましょう」**

## わりばし鉄砲の発射台をつくってとばす（４時間目）

**●ねらい**

輪ゴムを取り付けたわりばし鉄砲の発射台をつくると円ばんが遠くへとぶ。

**●必要なもの**

わりばし（２本）、洗濯ばさみ、セロハンテープ、輪ゴム

### ＜展開＞

①「円ばんを指で押さえなくてもよい発射台をつくりましょう」

②「発射台ができ上がったらとばして遊びましょう」

③「もっといきおいよく、遠くまでとばせるものをつくりましょう」

わりばしを２本つなげ鉄砲の筒の部分を長くします。

④「やったことをノートに書きましょう」

### ＜わりばし鉄砲のつくり方＞

①

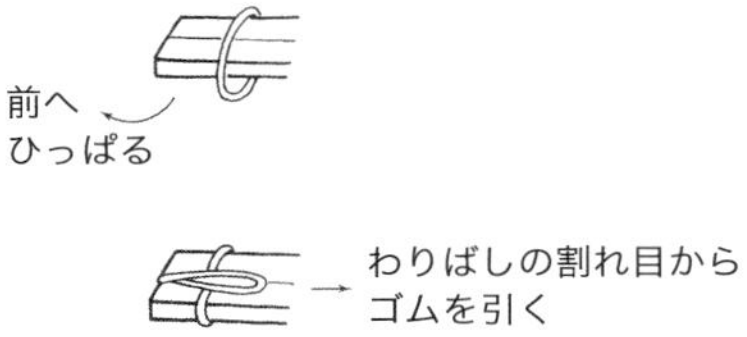


①わりばしの先に輪ゴムを図のように止める。

②

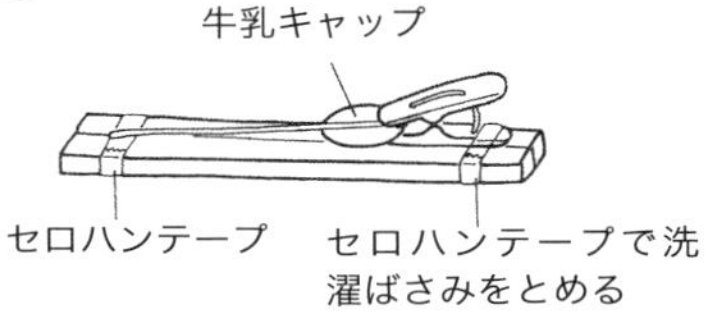


②輪ゴムのすぐ内側にセロハンテープをまき、輪ゴムと反対側に洗濯ばさみを止める。

＊輪ゴムのかけ方、洗濯ばさみのとめ方は、丁寧にゆっくり指導します。

## パッチンガエル（５時間目）

**●ねらい**

伸ばしたゴムがちぢむとき、高くはねたり、遠くへはねたりする。

**●必要なもの**

輪ゴム、工作用紙、セロハンテープ、はさみ

## ＜展開＞

### ①「……（黙って、教卓の上にパッチンガエルをセットする）」

授業がはじまったら、黙ってポケットからパッチンガエルを取り出し、教卓の上に置きます。不思議そうに机の上を見つめる子どもたちの前で、パチッと音を立ててパッチンガエルがとび上がると、子どもたちは、びっくりし、すぐにつくりたいと言い出します。

### ②「パッチンガエルをつくりましょう」

紙には強い方向と弱い方向があり、ゴムを引く方向と、工作用紙の強い方向とが同じになるように作図していきます。工作用紙の両端を軽く持って、アーチ型に力を加えてしなりにくいのが強い方向です。

### ③「とばしっこ競争をしましょう」

でき上がったら、誰が高くとばせるかを競争させます。より高くとばせるよう、切り込みの位置、ゴムの数、大きさなど工夫させましょう。

### ④「やったことをノートに書きましょう」

## ＜パッチンガエルのつくり方＞

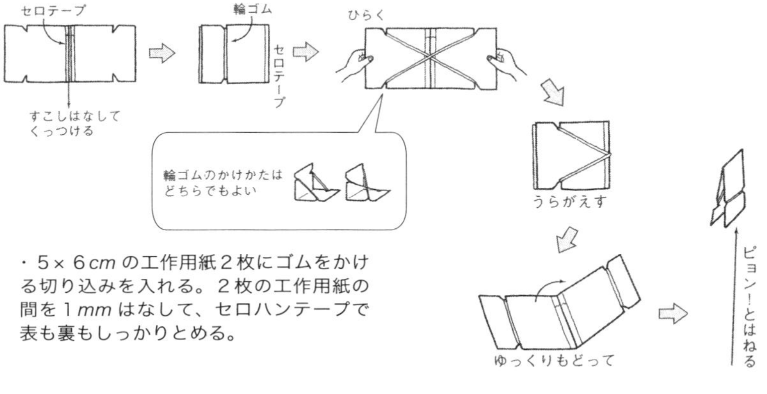


・5×6 *cm* の工作用紙２枚にゴムをかける切り込みを入れる。２枚の工作用紙の間を１ *mm* はなして、セロハンテープで表も裏もしっかりとめる。

・ゴムをかけて、裏がえしておく。

## コトコト車づくり ——①プリンカップで（6時間目）

●ねらい

ねじれたゴムが、もとにもどろうとして、ものを動かす。

●必要なもの

輪ゴム、クリップ、油粘土、プリンカップ（1人2～3個）

### <展開>

**①「プリンカップでコトコト車をつくりましょう」**

まずは教師がつくったものを動かしてみせ、子どもたちにつくり方を教えます。

**②「コトコト車を長い時間走らせてみよう」**

でき上がったら、みんなで走らせてみます。コトコトと小さな音を立てて走るでしょう。友だちと比べながら、工夫してつくります。

**③「やったことをノートに書きましょう」**

### <コトコト車のつくり方>

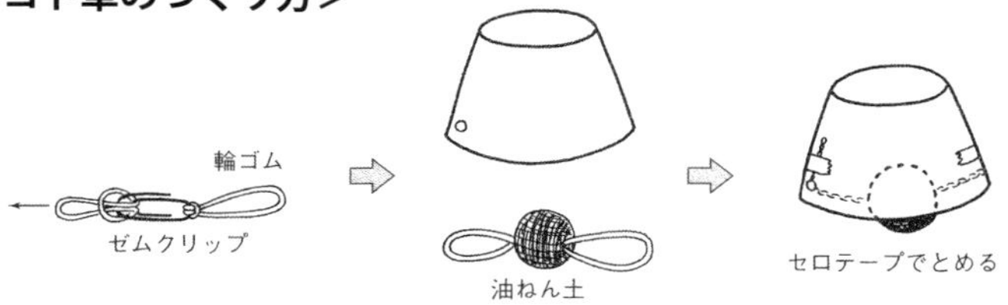


①クリップの両端に輪ゴムを結びつけ、油粘土を球状に丸めてつける。

②セロハンテープで、輪ゴムをプリンカップにとめる。

③ゴムをねじって走らせる（粘土を転がしながら後ろに引いて手をはなすと、コトコトと動く）。

## コトコト車づくり ——②いろいろな材料を使って（7時間目）

●ねらい

いろいろな材料を使ってコトコト車をつくる。

●準備

子どもたちにさまざまな材料を集めさせておく（例：カップ麺の容器、ゼリーの容器、豆腐の容器、お菓子の箱、刺身のトレーなど）。

●必要なもの

子どもたちの集めた材料、輪ゴム、クリップ、油粘土、セロハンテープ

<展開>

① 「いろいろな材料を使ってコトコト車をつくりましょう」

前の時間に学んだつくり方を、他の材料にも応用してみます。子どもたちに家庭にあるいろいろなものの中から、コトコト車の材料になりそうなものを集めさせておき、それを使ってコトコト車をつくります。

② 「コトコト車を走らせて遊びましょう」

くるくる回りながら動くもの、まっすぐ動くもの、粘土玉を2つつくって動かすものなど。いろいろな工夫が出るでしょう。

③ 「やったことをノートに書きましょう」

## カタカタ車(8時間目)

**●ねらい**

輪ゴムのねじれでよく走る車をつくる。

**●必要なもの**

フィルムケース(写真店で手に入る)、ボタン(またはビーズ)、輪ゴム(No.16)、太い竹ひご、糸、目打ち(太めの鉄釘)、もえがら入れ、両面テープ、ラジオペンチ

<展開>

① 「フィルムケースでカタカタ車をつくろう」

まずは、教師がつくったものが走るのを見せてから、みんなでつくってみます。昔は、糸まきとローソクでつくったカタカタ車を、材料が手に入りやすいフィルムケースとボタン(またはビーズ)でつくってみます。ボタンは底が丸い形のものがよいです。

② 「カタカタ車を走らせて遊ぼう」

竹ひごをくるくると回転させてゴムをねじり、カタカタ車を静かに床に置いて手を放すと、ゴムが巻きもどりながら車が走り出します。このとき、フィルムケースに開けた穴が小さいと、ゴムが穴に引っかかって、うまく走らないので、注意したいです。

## ③「まっすぐ走るカタカタ車をつくろう」

今までのおもちゃと比べると、細かい作業が多いので、１つ１つの作業を丁寧に進めていきましょう。

フィルムケースでつくったカタカタ車は、底とふたの直径が違うため、まっすぐ走りません。そこで、まっすぐ走らせようと、底のほうにもう１つふたをつけたり、フィルムケースを２つつなげるなど、工夫する子が出てきます。接着するには、両面テープを使うとよいです。

## ④「やったことをノートに書きましょう」

### <カタカタ車のつくり方>

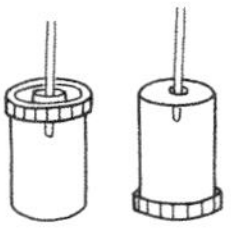

①フィルムケースに目打ち（釘）で穴を開ける。

②輪ゴムに長めの糸をつけ、糸を穴に通して引っぱり、輪ゴムを穴に通す。

③輪ゴムを底の穴に通したら、短い竹ひごで固定する。

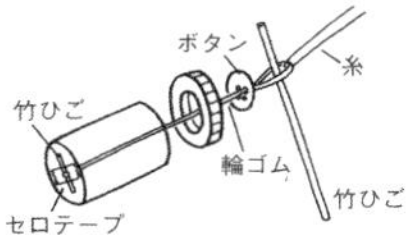


④糸を引っぱって、ふたの穴、ボタンの穴の順に輪ゴムを通していき最後に輪ゴムの中に長い竹ひごを通し、糸を抜き取る。

⑤竹ひごを回転させて、ゴムをねじって走らせる。

# （3）風で動くおもちゃ

**単元のねらい**

学期に１つはものづくりをさせたいという観点から、「風で動くおもちゃ」を計画しました。風車をつくって回したり、ビニール袋のたこを風に向かってあげたり、図工で紙袋に絵を描きうちわや下敷きであおいで遊ぶなどの体験をしてきた子どもたちです。
　こうした断片的な学習とは別に、風で動くおもちゃをつくる一連の授業を組んで、見えない空気の動きである風を意識させたいと思います。
　風で動くおもちゃは、一生懸命つくったのによく回らないことがあります。友だちとどこが違うのかをよく見て、羽根の折り曲げ方が違うことに気づくことがあります。協同で学習を進めることで、気づいたことを周りの子に知らせていったり、つまずいた子の作品を取り上げて「どうやったらいいか教えて」と呼びかけ、みんなで解決していくなどの協同の学習へと、さらに広げていけると、よいと思います。
　これらの学習を通して、どの子も風の当たり具合を考えて工夫し、よく動くおもちゃをつくることができるでしょう。工作をすることから、紙をはさみで切る、セロハンテープで隙間なくしっかり貼る、目打ちで大きさを考えて穴を開ける、きずをつけてから厚紙を折るなどの技術を身につけさせたいです。

### 学習内容

❶風の当たる帆をつけると、よく走る車になる。
❷風が当たるところをつくると、よく回るものになる。

### 教材

❶１枚の紙も風で動く。
❷四輪車に風が当たる帆をつけると走る。
❸風が当たるとくるくる回転して走る風輪になる。
❹長方形の厚紙に古はがきを貼り付けると風車になる。
❺長方形の紙も切り込みを入れて２枚羽根をつくると風車になる。
❻長方形の紙で４枚羽根の風車にするとよく回る。
❼材料や形を工夫して、いろいろな風車をつくる。

### 学習の展開（９時間）

❶帆かけスケーターをつくろう（１時間）
❷帆かけ車をつくろう（１時間）
❸風輪をつくろう（１時間）
❹はがき風車をつくろう（１時間）
❺２枚羽根の風車をつくろう（１時間）
❻おめめくるくる風車をつくろう（２時間）
❼いろいろな風車をつくろう（２時間）

## 学習の展開

### 帆かけスケーターをつくろう（1時間目）

**●ねらい**

1枚の紙に帆をつけると風ですべって動く。

**●必要なもの**

画用紙4分の1、はさみ、セロハンテープ

**＜展開＞**

**①「手を使わないで、この紙を動かすにはどうしたらいいでしょうか」**

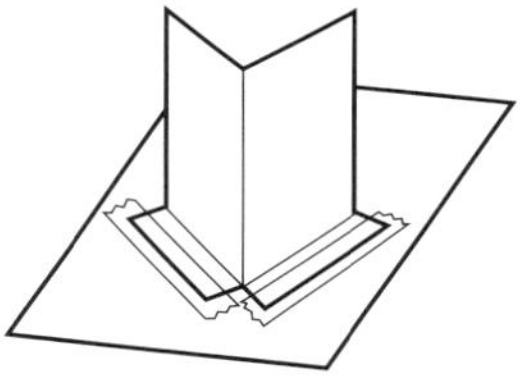

4分の1に切った画用紙を見せ、中央で2つに折って教卓に立たせてから発問します(右図)。

子どもたちは、「机をたたく」「机を揺らす」「うちわであおぐ」「半分にしてひこうきみたいにしてとばす」「口で吹く」など、口々に考えを言うでしょう。

**②「口で吹いて動かしてみましょう」**

一生懸命吹いても倒れてしまうでしょう。

そのほか、子どもたちから出た意見を、いろいろ試してみます。

**③「帆かけスケーターをつくって、風で動かしましょう」**

見本の帆かけスケーターを動かして見せて、つくり方を教えます。

**④「帆かけスケーターで遊んでみましょう」**

でき上がったら、口で吹いたり、下敷きで風を送ったりして遊んでみましょう。競争をはじめる子もいるでしょう。

まっすぐ進まずすぐ曲がってしまう子や少ししか進まないで困っている子がいたら、みんなに「○○ちゃんがまっすぐ進まないんだって、だれかどうやったらいいか教えて」と呼びかける。1人のつまずきをみんなで解決するようにする。

### ⑤「改造もしてみましょう」

しばらく遊んでいると「改造していい？」などと言って、帆の形を変えたり、帆の数を増やすなど、工夫する子が出てくるかもしれないので、材料をたっぷり用意しておき、どんどんやらせてアイデアを形にさせてあげてください。

もし、「これに丸いタイヤをつけて、ころころ動かしたい」と言ってきたら「こんどはタイヤをつけた帆かけ車をつくろうね」と、次の時間につなげます。

### ⑥「やったことをノートに書きましょう」

**＜帆かけスケーターのつくり方＞**

２つ折りにした画用紙の折り目の一端に1cmぐらいの切れ目を入れる。切れ目を折り曲げ、もう１枚の画用紙にセロハンテープで貼り付ける（P.184図参照）。

＊ここでは、帆かけ車でのプランを紹介するが、とうぜん「帆かけ舟をつくりたい」という声もあり得る。季節や時間数を考えて、できるならやってみるとたのしい。

この場合はつぎのような流れが考えられ、「材質の違いに気づき、それを利用したおもちゃをつくる。というねらいが加わる。『水に強い紙パックの帆かけ舟』

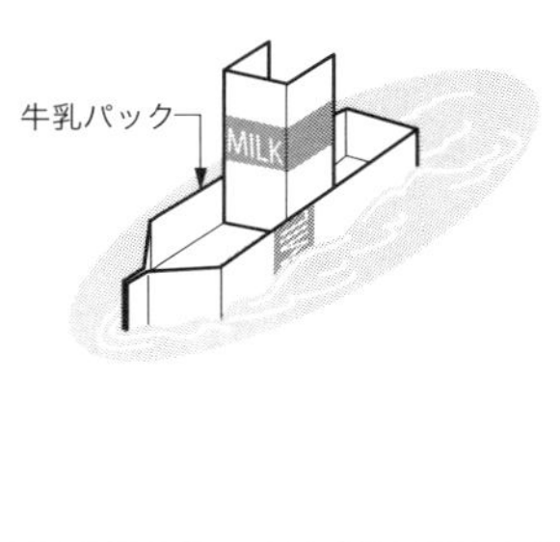


## ◯帆かけ車をつくろう（２時間目）

**●ねらい**

四輪車に帆をつけると風で走る。

**●必要なもの**

画用紙４分の１、段ボール紙（B6程度の大きさ）、竹串（18cm）２本、ペットボトルのふた４こ、はさみ、セロハンテープ、ペンチ、目打ち（画びょうも可）、細いストロー２本、針金（10cmほど）、ロウソク、クレヨン（色をつけるとき）

**＜展開＞**

### ①「帆かけ車をつくって風で走らせましょう」

前の時間に子どもから出た希望を受けた形で、つくったものを出し、実際に動かして見せます。前の時間に子どもからその希望が出ていなければ教師から提示し、呼びかけ、つくり方を教えます。

**②「校庭に出て、自然の風で動かしてみましょう」**

**③「やったことをノートに書いてみましょう」**

**＜帆かけ車のつくり方＞**

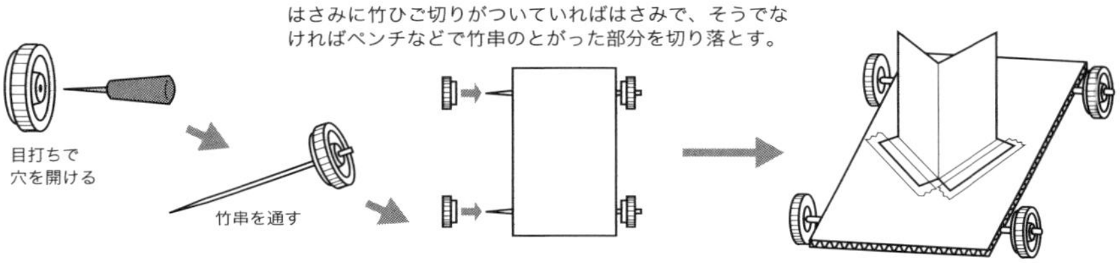

はさみに竹ひご切りがついていればはさみで、そうでなければペンチなどで竹串のとがった部分を切り落とす。
目打ちで
穴を開ける
竹串を通す

①ペットボトルの中央に目打ちで穴を開ける。

②中央の穴に焼いた針金を通し、竹串を通したものを２つつくる。

③段ボールに細いストローをさし、②を段ボール紙にさしたストローに通し、反対側にもう１つのペットボトルのふたをつける。

④帆に絵などを描き、帆を四輪車にセロハンテープでつける。

＊車輪は、ペットボトルのふた、コルク栓などいろいろなものを使うとよい。

## 風輪をつくろう（３時間目）

**●ねらい**

紙に切れ目をつけて、車になるようにすると、風で転がる風車ができる。

**●準備**

見本の風鈴をつくっておく。

**●必要なもの**

画用紙４分の１、はさみ、セロハンテープ

**＜展開＞**

**①「風をおくるところころ回るには、どんな形にすればいいかな」**

前の時間で、風で前に進む帆かけ車をつくったことを振り返り、新たな問いかけをします。

## ②「風輪をつくって、風で転がしてみましょう」

事前に準備しておいた風輪を動かして見せたら、つくり方を教え、みんなでつくってみます。

最初は、1個だけで遊ばせます。しかし1個では、ななめにすすんでぐるぐる回ってしまうので、「連結していい？」と聞きにくる子がいたら、2個、3個と連結して遊ぶよう声かけをします。

## ⑥「やったことをノートに書きましょう」

**<風輪のつくり方>**

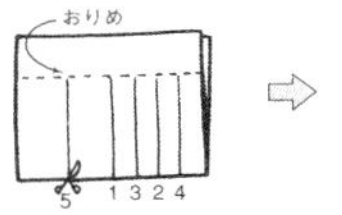


①画用紙を2つ折りし、開いているほうをそろえて2cm幅の折り目をつけ、最初に折ったほうから折り目まではさみで切れ目を入れる。

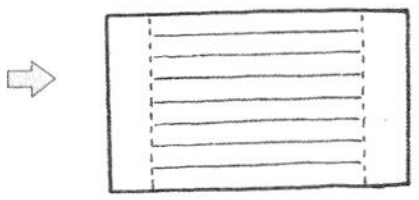

②最初は2分の1のところ、次はその左右の2分の1のところという具合に切る。およそ8等分にする（幅が多少違ってもかまわない）。

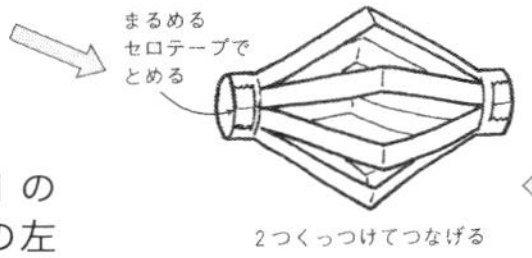


③②を開き、まん中をふくらませるようにして丸くし、セロハンテープでとめる。

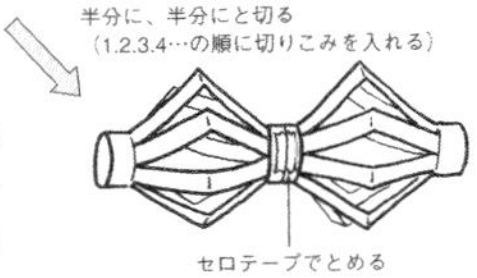


⑤2個、3個と連結させて、曲がらないでまっすぐ進むものをつくる。

## はがき風車をつくろう（4時間目）

**●ねらい**

使用済みはがきを長方形の紙に貼っただけでも、風車になる。

**●必要なもの**

使用済みはがき（事前に家庭に連絡して集める）、工作用紙（16*cm* × 2*cm*）2枚、竹串（18*cm*）、ストロー（直径6*mm*）、はさみ、のり、木工用ボンド、目打ち（画びょうも可）、小さい段ボール紙（工作板）

**<展開>**

## ①「風輪のほかに風でくるくる回るおもちゃを知ってる？」

「風車」という答えが返ってきたら、はがき風車を回して見せます。

② 「はがき風車をつくりましょう」

③ 「広い場所で走り回って遊びましょう」

④ 「やったことをノートに書きましょう」

さっそくはがきの端を折り曲げて風をさらにあたるように工夫して遊んでる子がいたら、「次は、羽根の形を考えて、もっとよく回る風車をつくろうね」と声をかけます。

### <はがき風車のつくり方>

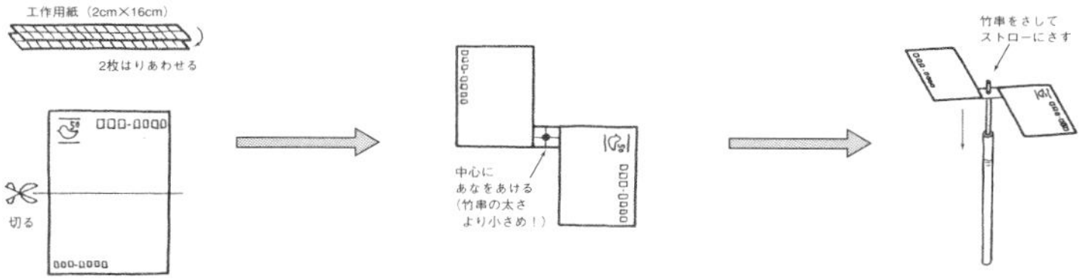


①工作用紙（16*cm*×2*cm*）を２枚、ボンドで貼り合せる（１枚だとはがきの羽根のしなりに耐えられず、うまく回らない場合がある）。

②はがきを横に２つに切る。

③①に②を互い違いにのりで貼り付ける。

④①の中心（工作用紙の緑の線が十字に交わる点）に竹串の太さより小さめの穴を開ける（大きい穴は回したとき、すぐ竹串が工作用紙からはずれる）。

⑤④に竹串をとがったほうからねじるようにしてさしこむ。

⑥その竹串をストローに通す。

## ２枚羽根の風車をつくろう（５時間目）

**●ねらい**

長方形の紙でも、おって羽根をつくると風車になる。

**●必要なもの**

工作用紙（10*cm* × 2*cm*）、竹串（18*cm*）、ストロー（直径 6*mm*）、はさみ、目打ち（画びょうも可）、小さい段ボール紙（工作板）、定規

### <展開>

① 「２枚羽根の風車をつくって、回してみましょう」

２枚羽根風車を回して見せてから、つくり方を教え、みんなでつくり

ます。２枚羽根風車は、歩いただけでもよく回ります。
　だいたいの子は教師の指導順に工作して仕上げますが、いくつかのチェックポイントで必ず失敗する子もいます。失敗してもみんなで考えて解決し、全員が成功するようにする事が教師の役割です。

・失敗しやすいポイント
　ア羽根の折りまげ方が反対
　イ羽根を同じ側につくってしまった
　ウ羽根を曲げなかったり逆に折り曲げすぎたりしているなど

②「やったことをノートに書きましょう」

**＜２枚羽根の風車のつくり方＞**

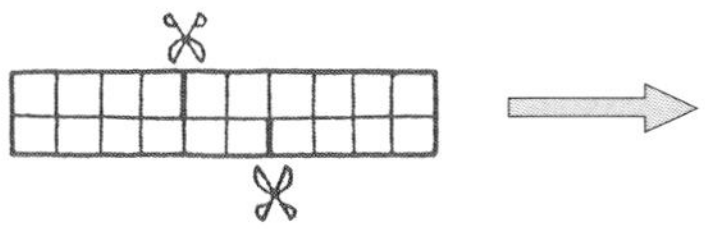

①工作用紙の右端から4*cm*の線を中央まで切れ目を入れる。
　工作用紙をくるっと180度回転させて、やはり右端から4*cm*の線を中央まで切れ目を入れる。
②工作用紙の中央の横線に定規をあて、両端から切れ目の部分まで、目打ちで２～３回こすってきずをつける。

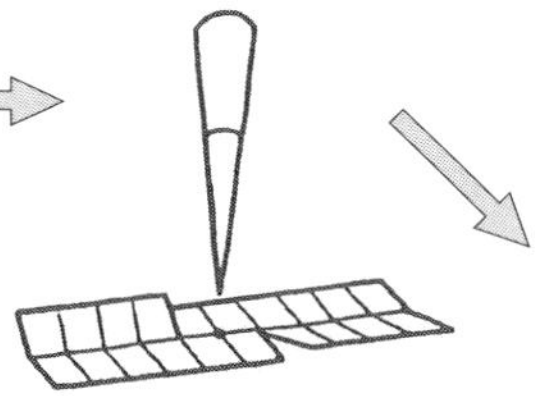

③工作用紙を小さな段ボール紙にのせ、中央の点に目打ちで竹串の太さより小さめの穴を開ける。
④工作用紙のきずをつけた部分が谷になるように、両方のはねを上に持ち上げる。

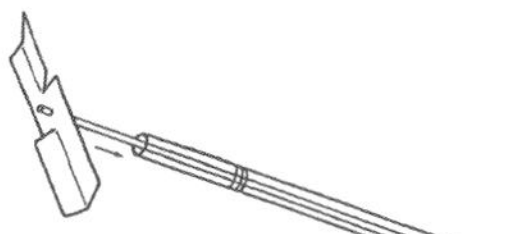

⑤竹串の部分をストローにさす。

## おめめくるくる風車をつくろう（6、7時間目）

**●ねらい**

４枚羽根の風車をつくって遊び、風を感じる。

**●必要なもの**

工作用紙{はね用（10*cm*×２*cm*）４枚、ヘアバンド用（余白を含め、3*cm*幅に切ったもの、１本)、竹串（18*cm*)、ストロー（直径６*mm*）２本、ビニールテープ、輪ゴム、はさみ、両面テープ、目打ち（画びょうも可)、小さな段ボール紙（工作板)、定規、ホチキス

## <展開>

**①「おめめくるくる風車をつくって、風で動かしてみましょう」**

頭にかぶって、教室をぐるっと一周して見せ、子どもたちにつくらせます。

**②「校庭に出て遊びましょう」**

必ず校庭で遊ばせてください。風車の回り方の特徴などを、みんなで確かめます。

**④「やったことをノートに書きましょう」**

## <おめめくるくる風車のつくり方>

### ・羽根の部分

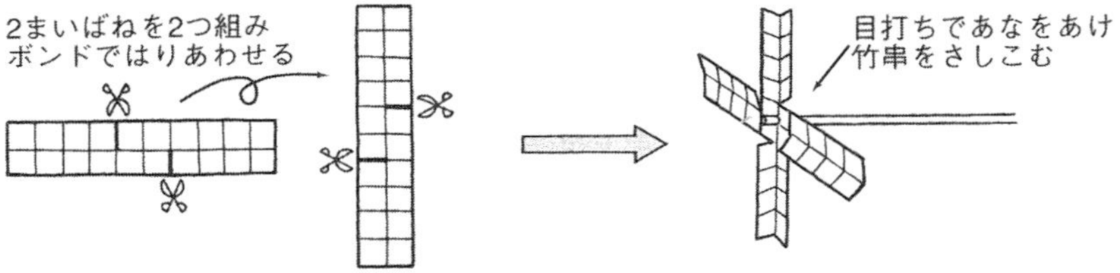


①前時の２枚羽根のつくり方の④までのものを４つつくり、２枚を十字に重ね合わせるように、両面テープでとめる。

②中央の点に目打ちで竹串の太さより小さめの穴を開け、穴に竹串をねじこむように通す。
③工作用紙のきずをつけた部分が谷になるように、両方の羽根を上に持ち上げる。

### ・ヘッド風車の部分

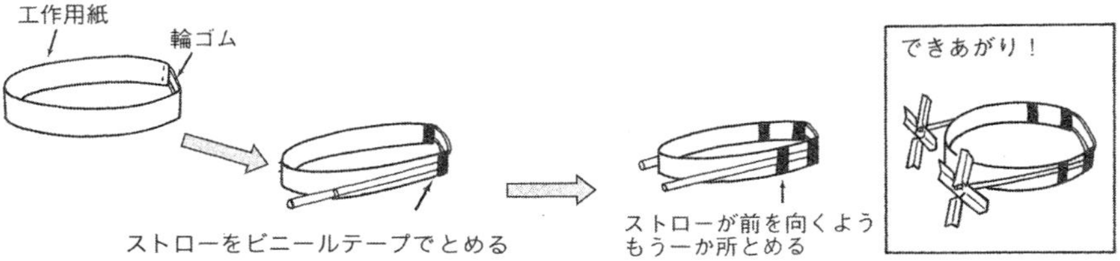


①ヘアバンド用工作用紙の両端を折り曲げ、輪ゴムをはさんでホッチキスでとめる。

②ヘアバンドの両端にストローをビニールテープでとめる。頭につけて、ストローがまっすぐ前に向く位置を探す。

③②のストローに４枚羽根の風車をさす。

■頭のてっぺんにも風車をつけたい時のヘッドバンド

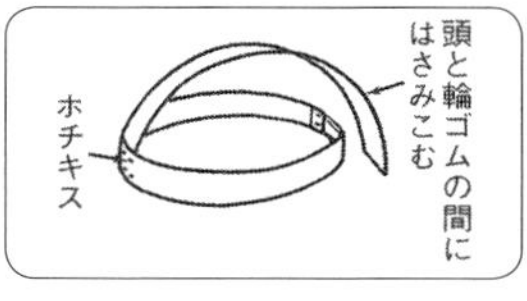

## いろいろな風車をつくろう（8、9時間目）

**●ねらい**

材料や形を工夫して、よく回る風車をつくる。

### ＜展開＞

家庭学習として、つくってこさせて発表会をします。みんながつくってくるまで日数をおいて実施します。

### ＜参考例＞

下に示すように、さまざまな種類の風車があります。

＜吹きごま—机の上で回る風車＞

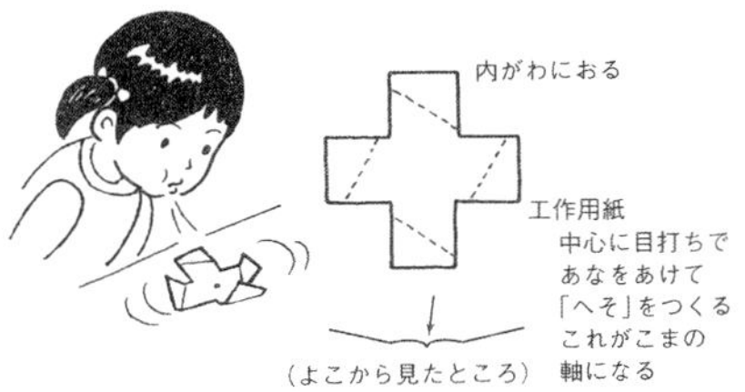


＜おりがみ風車＞

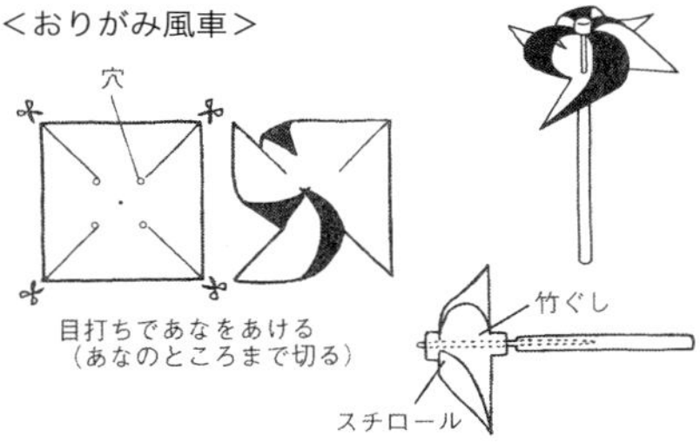


＜たてがた風車＞

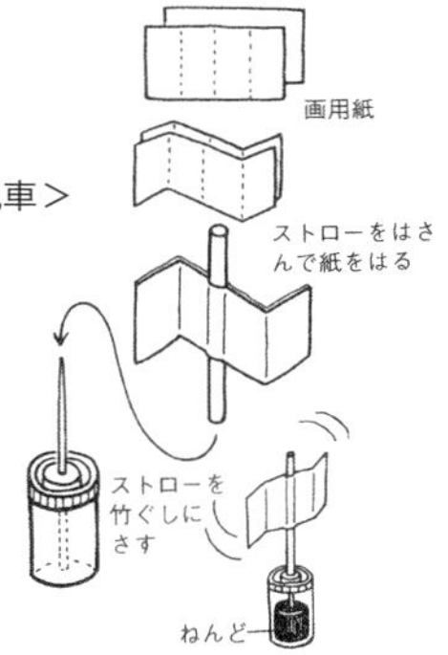

画用紙
ストローをはさんで紙をはる
ストローを竹ぐしにさす
ねんど

＜リボン風車＞

3枚つくる（1cm×10cmぐらい）
二つにおる
上のようにくんで中心をそろえる

＜ひっぱり風車＞

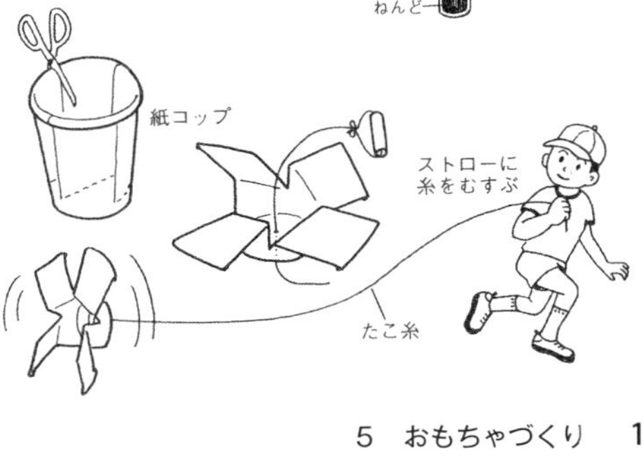

## （4）おもりで動くおもちゃ

### 単元のねらい

身の回りの材料を使ってやじろべえや起き上がりこぼしなどをつくって遊びながら、おもりをつけることでものの「すわり」がよくなったり、バランスをとってゆらゆらゆれたりすることがあることを体験的に学べるようにしたいと思います。また、「よくゆれるやじろべえをつくろう」「倒しても起き上がる人形にしよう」といった目的に向かってバランスよくおもりをつけられるように工夫することも大切なねらいになると思います。

### 学習内容

❶「やじろべえ」は、腕におもりをつけると、ゆらゆらゆれても倒れない。
❷「おきあがりこぼし」（ゆらゆら人形）は、下におもりをつけると、倒れても起き上がり、ゆらゆらゆれる。

### 教材

❶工作用紙を山形にして、腕におもりをつけると「やじろべえ」になる。
❷針金をまるく曲げて、両先におもりをつけると「やじろべえ」になる。
❸針金やじろべえの片腕を切り取って、片腕やじろべえをつくることができる。
❹紙コップに竹ぐしをさし、底に粘土をつけると、紙コップが立ち上がり、ゆらゆらゆれる。
❺いろいろなものが、おもりをつけるとゆらゆら動くものになる（自由工作）。

### 指導計画（8時間）

❶工作用紙でやじろべえをつくろう（2時間）
❷針金でやじろべえをつくってみよう（2時間）
❸ゆらゆら人形をつくってみよう（2時間）
❹いろいろなゆれるおもちゃをつくろう（2時間）

＊家庭学習にして、つくったものを持ってきて発表するのもよいでしょう。

# 学習の展開

## 工作用紙でやじろべえをつくろう（1時間目）

**●ねらい**

腕が短くて立たないやじろべえに、おもりをつけると立つようになる。

**●必要なもの**

工作用紙（1人分が 20*cm* の正方形）、クリップ

### <展開>

**①「きょうは、この工作用紙でやじろべえをつくってみます」**

つくり方を説明します（P.194 参照）。

**②「1番から順番にためしてみよう」**

大きいほうから順に鉛筆や指の先などにのせてゆらしてみる。6番ぐらいまではうまくいくが、7番ぐらいから立ちにくくなる。

**③「立たないやじろべえを何とか立たせる方法はないかな？」**

教師のつくった見本は、ちゃんと立っていることを見せ、上記の質問をします。考えてもわからないときは、クリップをおもりにして答えを教えます。

**④「工夫を発表してください」**

9番はクリップを両腕に1つずつつけても立たないことが多いです。クリップで腕を伸ばすようにしていくつかのクリップをつなげて、重心が支点より下になるように工夫しましょう。どのようにしたら立つようになったか、それぞれの工夫で発表させます。

**④「やったことを書きましょう」**

## ＜やじろべえのつくり方＞

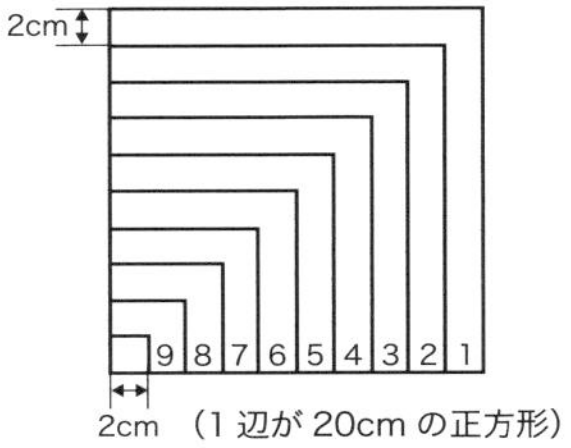


① 20*cm* の正方形に切り、2*cm* おきに線を引いていく

②大きい順に 1 ～ 9 まで番号を書き、切り取る

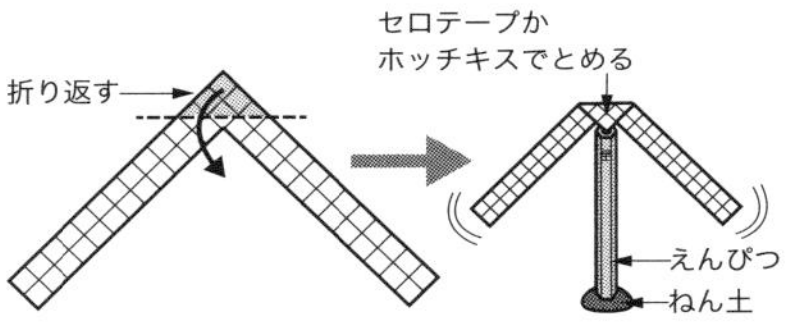


③頂点の部分を内側に折り、セロハンテープかホチキスで止める。

## やじろべえに顔をつけてみよう（2時間目）

**●ねらい**

上が重くなって立たなくなったやじろべえに、おもりをつけて立たせる。

**●必要なもの**

前の時間にでつくったやじろべえ、工作用紙、粘土

### ＜展開＞

**①「顔をつけたやじろべえを立たせてみましょう」**

やじろべえに顔をつけてみると、たいていひっくり返ってしまいます。これを立ってゆれるようにできないか、工夫させます。

**②「やったことを書いてみましょう」**

### ＜工夫の例＞

・粘土で少しずつおもりをつけたしていってみる。

・1つ成功したら、顔に限らず「イルカ」「ペガサス」など、好きな形をつくってやじろべえにしてみる。

## 針金でやじろべえをつくってみよう（3時間目）

**●ねらい**

おもりを支点より下につけて安定したやじろべえをつくる。

**●必要なもの**

針金（16番くらい）を30*cm*くらいに切ったもの、粘土

**＜展開＞**

**①「針金でやじろべえをつくってみよう」**

つくり方を説明します。

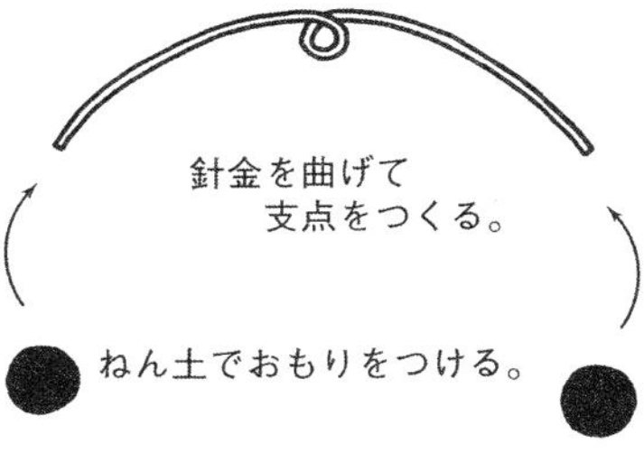

針金を曲げて
支点をつくる。
ねん土でおもりをつける。

**②「うまく立たないやじろべえと、よくゆれるやじろべえを比べてみよう」**

どんなところが違うかを、話し合ってみましょう。

腕が開きすぎていると重心が高くて安定しない。指にのせるところ（支点）より下におもりがあるとよいことをとらえさせたいです。

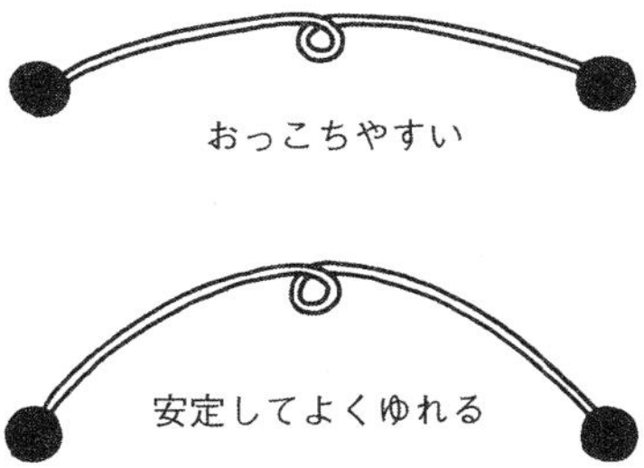

おっこちやすい
安定してよくゆれる

**③「やったことを書きましょう」**

## 片腕のやじろべえをつくってみよう（4時間目）

**●ねらい**

片腕のやじろべえもある。

**●必要なもの**

針金、粘土、ペンチ、画用紙か工作用紙、鉛筆

**<展開>**

①「腕が１本のやじろべえをつくってみましょう」

おそらく、うまく立たないでしょう。

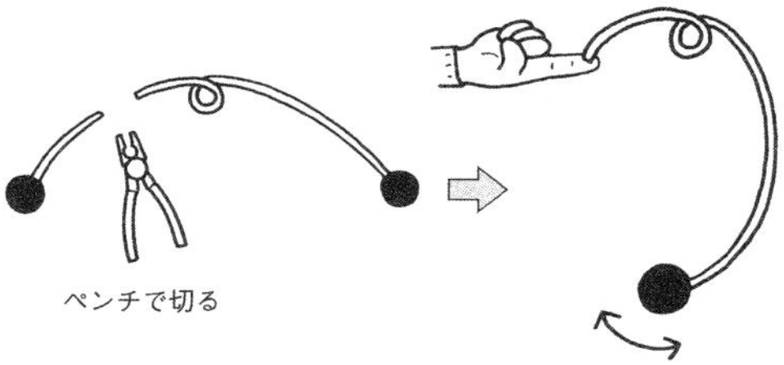


②「立たせるためには、どうすればいいかな」

おもりが下になるように腕を曲げてみるという方法を子どもたちから引き出します。

③「鉛筆を立ててみましょう」

おもりの重さや腕の曲げ方を工夫させます。

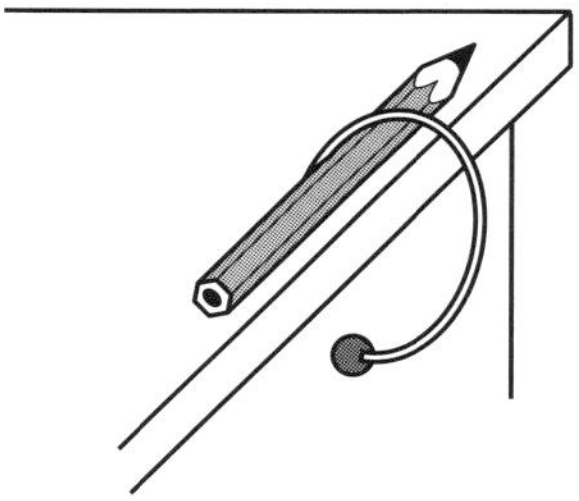

④「やったことを書きましょう」

## ゆらゆら人形をつくろう（5、６時間目）

**●ねらい**

おもりの働きで、手で倒してももどったり、風でゆれたりするおもちゃをつくる。

**●必要なもの**

紙コップ（１人４個）、竹ひご、画用紙や工作用紙

**<展開>**

①「紙コップが、上を向いて立ってゆれるようにしてみよう」

紙コップの底に近い所（3 *cm* くらい）に穴を開けて竹ひごを通すと、紙コップが逆さになってぶらさがることを見せて、子どもたちに呼びかけます。粘土でおもりをつけると上を向くようになります。

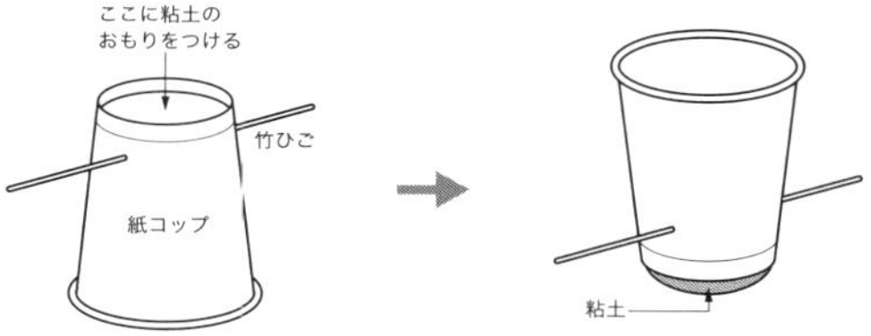


### ②「もう1つ紙コップをのせてみよう」

立ってよくゆれるように粘土のおもりの量を調節させます。

### ③「これを使って、ゆらゆらゆれる人形をつくってみよう」

人形の例を紹介します。

### ④「やったことを書きましょう」

## いろいろなゆれるおもちゃをつくろう（7時間目）

**●ねらい**

身の回りのいろいろな材料を使ってやじろべえや起き上がりこぼしをつくる。
今までにつくったやじろべえを使って「つなわたりやじろべえ」にしてみたり、ゆらゆら人形を工夫してみたりして、身近な材料で「おもりで動くおもちゃ」をつくります。
家庭工作にして、つくったものを教室で発表するようにしてもよいでしょう。

## （5）音をつくろう

### 単元のねらい

わたしたちは音の中で生活しています。この単元では、音に関心を持たせたいと思います。

音はものをたたいたり、はじいたり、こすったり、吹いたりするなどの働きかけをすることによって、ものが振動し、音が出ます。そして、音源から耳までの間に物体が存在することで、その物体も振動し、耳に伝わります。それらは、ものにはバネのような性質（弾性）があることによります。かたそうな木でも鉄でも、すべてのものには弾性があるので、たたいたり、はじいたりして、振動させれば音が出ます。２年生で弾性という概念をつかませるわけではありませんが、紙も鉄も木も、太鼓も鍵盤ハーモニカも、ストロー笛も、すべて音はものが振動したときに出るということを五感を使って感じられるような学習をしていきたいと思います。そして、音が出ているときは、ものがふるえているという視点で、物事を見ることができるようにもしたいと思います。

### 学習内容

❶ものをたたいたり、はじいたりすると、音が出る。
❷音が出ているときは、ものがふるえている。
❸音は、糸でも金属でも、音源と耳の間にものがあると伝わる。

### 教材

❶紙を折って穴を開けると、笛になる。
❷ストローを切って、リードをつくると笛になる。
❸輪ゴムをピンとはって、はじくと音が出る。
❹太鼓はたたくと皮がふるえて音が出る。
❺ピアノは線をたたくとふるえて音が出る。
❻ギターはげんをはじいたり、こすったりすると、ふるえて音が出る。
❼木琴はたたくとふるえて音が出る。
❽ゴム風船をふくらませて吹くと、音が出る。
❾ふくらませたゴム風船を２つくっつけて話をすると、反対側の人に聞こえる。
- ゴム風船２つを糸でつなぐと、電話になる。
- 紙コップ２つを糸でつなぐと、糸電話になる。
- 紙コップ２つを針金でつなぐと、針金電話になる。

**指導計画（10時間）**

❶紙笛をつくる（2時間）
❷ストロー笛をつくる（1時間）
❸ストロー笛の音を大きくする（1時間）
❹輪ゴムギターをつくる（1時間）
❺音楽室で、楽器の音を出す（2時間）
❻風船電話で話をする（1時間）
❼糸電話（1時間）
❽針金電話（1時間）

## 学習の展開

### 紙笛をつくる（1、2時間目）

**●ねらい**

1枚の紙を吹くと、音が出る。

**●準備**

音を出すための、ものに働きかける方法（たたく、はじく、吹くなど）をたくさん教えておく。

**●必要なもの**

B5サイズの2分の1大の紙（たくさん）、見本の紙笛

**<展開>**

① 「紙1枚を、道具を使ったりしないで音を出しましょう」

音を出すための働きかけ（たたく、はじく、吹くなど）が、子どもたちから出るようにしたいと思います。また、音を出すときに「びりびりしている」ということも、感じさせておくことで、その先の授業につながってくるでしょう。

② 「先生は、こんなふうにして音を出しました」

紙の真ん中に穴を開け、そこに思い切り息を吹き込み、音を出します。

③ 「鳴らしてみて気づいたことはある？」

できた人から鳴らしますが、コツをつかむのに時間がかかり、全員が鳴らせるようになるには時間がかかります。できた人に先生になってもらい、全員が音を出せるようにします。

紙の開き具合や、穴の開け方で音がかわること、紙を吹くと一部がぶるぶるすることなどに気づくことができるでしょう。

### ④「やったことを書きましょう」

板書をせずに、「紙を吹いたら音が出る」ということが書かれるように理解を促します。

きょう、３時間目に先生が「紙で音をならしてほしい」といいました。わたしはそういったときに、すぐにおもいつきました。
わたしが思いついたのは、紙をやぶること、紙を丸めることです。
まいちゃんは紙を動かしていました。ほかにはたたく、うごかす、こする、なでる、引っぱる、ゆらす、などがありました。先生が思いついたのは、まず紙を半分に折ってまん中にあなをあけて、次に四つ折りにしてにして、次にすきまをちょっとあけてあさなにむかって思いっきりふくことによって音が出たらできあがりです。
さいしょはなかなかふいても音が出ませんでした。だんだんやっていたら音がでるようになりました。ふいた音は「プープー」とか、「ブー」とか「ピー」の音がなりました。音がよくなるこつはすきまを３ミリぐらいあけてやってみたらよくなりました。わたしはあなをギザギザにしてもなりました。見つけたことはふくたびに音が高いほど、ふるえもはやくなりました。またやりたいです。

**<紙笛のつくり方>**

① B5 サイズの２分の１大の紙を半分に切り、２つに折り、その両端を半分に折り曲げる。
②最初の折り目の真ん中を、半円形にちぎり取る。

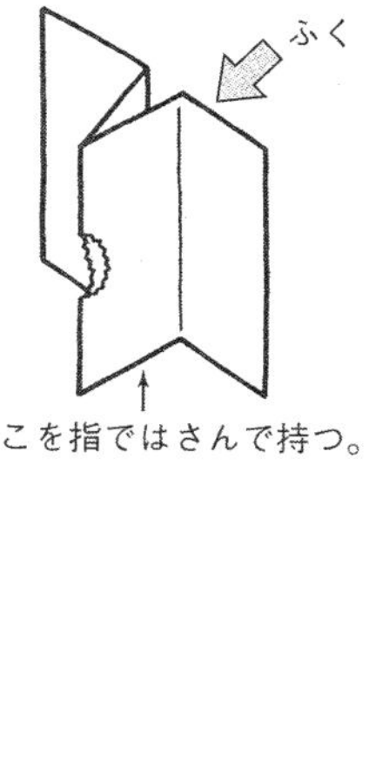


**<鳴らし方のこつ>**

折って山になった部分を人差し指ではさみ、穴の反対側にほんの少しすきまを開けて持つ。このすきまに口をつけて、強く息を吹き出す。

## ストロー笛をつくる（3時間目）

**●ねらい**

ストロー笛は、息を吹くと、音が出る。

**●必要なもの**

ストロー（たくさん）、見本のストロー笛

### ＜展開＞

**①「ストロー笛をつくりましょう」**

早くつくった子どもたちには、工夫してみるよう声をかけ、吹いて音を出してみるよう伝えます。全員成功が目標です。

**②「音を出している時に、何か見つけたことはありますか？」**

「ストローがぶるぶるしていた」「唇の所がぶるぶるしていた」といった意見が出るでしょう。

**③「ストロー笛を工夫しましょう」**

友だちの工夫を聞いた後に、工夫する時間をとります。

・とても短いストロー笛……高い音が出る

・とても長いストロー笛……低い音が出る

・ストローに穴を開け、指をふさぐ……さまざまな音が出る

**④「リードの反対側に口をつけて、吸って音を出してみましょう」**

リードのふるえを見て確かめましょう。

**⑤「やったことを書きましょう」**

### ＜ストロー笛のつくり方＞

①ストローの一端を短く切り、片端の先をつぶす。

②つぶした端が三角になるように切り、リードをつくる。

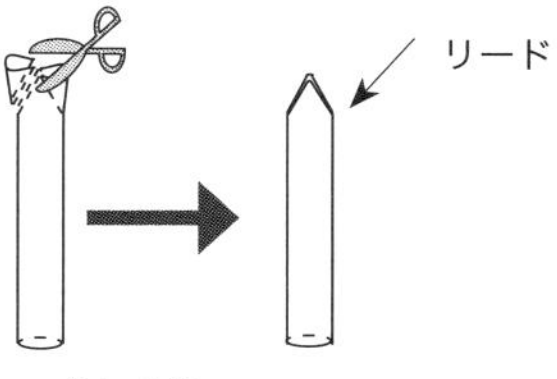


③ストローをつなげて、長い笛にする。

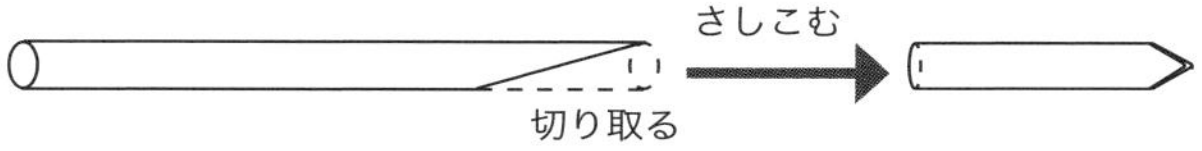

### ＜鳴らし方のこつ＞

リードの根本部分を爪でしごくか、歯でかむなどして、やわらかくして、その部分を上下の唇ではさみ、強く吹きます。

はじめはとんがりの部分（リード）を長く（1 *cm* 以上）したほうが鳴らしやすいでしょう。

## ストロー笛ラッパ（4時間目）

**●ねらい**

ストロー笛にラッパ状に紙をつけると、大きな音が出る。

**●必要なもの**

前の時間につくったストロー笛、B5 サイズの紙

### ＜展開＞

①「ストロー笛のラッパをつくって、ストロー笛の音を大きくしよう」

とても大きな音が出ます。全員が 1 つできるようにします。

②「ストロー笛ラッパを工夫しよう」

紙の開き具合で音が違うことなどが発見できるよう、声をかけます。

③「やったことを書きましょう」

### ＜ストロー笛ラッパのつくり方＞

ストロー笛のリードの反対側を、B5 サイズの紙の角にセロハンテープで貼ります。ストローを転がすと、紙がラッパのような形になります。

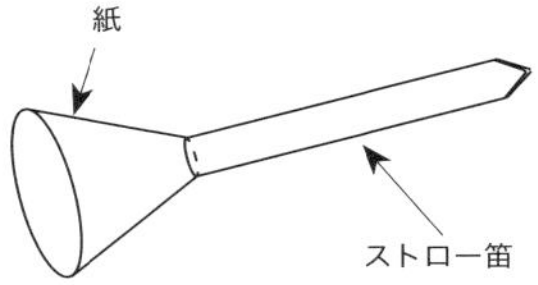


## 輪ゴムギター（5時間目）

**●ねらい**

今まで音が出ている時の振動（ふるえ・ブルブル）を「感じて」きましたが、輪ゴムギターは、はじいたゴムの振動によって音が鳴るため、ふるえを目で見ることができます。はじくという動作によって音が出るということを学習していきます。

**●必要なもの**

輪ゴム（16 番や 20 番）、わりばし、給食で飲み終えた牛乳パック、カッターナイフ、見本の輪ゴムギター

<展開>

①「輪ゴムギターをつくりましょう」

全員がはじくと音が出ることを成功させます。

②「工夫してみましょう」

わりばしを１～２段重ねにしたり、わりばしの置く場所をかえるなどの工夫をして、音の変化を学びます。

③「音が出ているとき、輪ゴムとつながっていた？」

「輪ゴムを３本にしたい」という声が上がったので、さまざまな種類の輪ゴムを出しました。やってみると、子どもたちはゴムのふるえ方の違いを発見できるでしょう。

④「やったことを書きましょう」

**<輪ゴムギターのつくり方>**

①牛乳パックの側面に、ギターやバイオリンと同じように穴を開ける（開けることによって音が箱の中で響きやすくなり、音が大きくなります）
②大きさの違う輪ゴム(16番、20番)を１本ずつ配り、牛乳パックに縦につける。
③牛乳パックと輪ゴムの間にわりばしを入れる。

## 楽器のふるえさがし（6、7時間目）

**●ねらい**
どんな楽器も、音を出すとふるえる。逆に音を止めると、ものの震えも止まることに気づかせる。
**●必要なもの**
音楽室の楽器

**<展開>**

①「太鼓の音のふるえを見てみましょう」

音楽室で、まずは目で振動が見やすい大太鼓をみんなの前で大きくたたいてみせます。太鼓から遠い席の子どもにも、ふるえが伝わるでしょう。

次に目で振動は見えないけど、棒を置いてみるとカチカチと棒が動くので振動していることがわかるでしょう。

②「いろいろな楽器の音を出してみましょう」

音楽室にある楽器の音を出して、ふるえを見つけます。

③「音を鳴らしたあと、音を止めてみよう」

トライアングルを１人１つ配ります。音を出した後、音を止めるように呼びかける。手で止める子、棒で止める子などがいるでしょう。音が止まると、ふるえも止まることを確かめます。

④「やったことを書きましょう」

## 風船電話で話をする（８時間目）

**●ねらい**

小さな音を風船を通して伝える。

**●必要なもの**

風船（たくさん）、たこ糸、セロハンテープ

**＜展開＞**

①「風船を間に入れて、小さな声で話してみよう」

子どもを１人、前に呼び、耳に風船を当てさせ、教師が周りの子どもには聞こえないくらい小さな声で話します。すると、周りの子どもには聞こえないけれど、風船を耳に当てている子には教師の声が伝わります。この様子を見せてから、２人に１個、風船を配り、実際にやってみます。

次に、風船を１人１個配り、風船を２つつなげて話をしてみたり、周りの友だちと５〜６人で風船をくっつけて話をしてみるなどの工夫をさせるよう声かけをします。

②「伝言ゲームをしよう」

一番前の人から風船を使って伝えていきます。グループとグループの間が離れている場合は、席を立たずに、伝えていく方法を考えさせます。

風船と風船をくっつければ伝えることができます。

### ③「風船２個を糸でつなげて、糸電話をつくってみましょう」

もっと遠くの人と話ができるようにしようと、糸電話づくりをする。

### ④「やったことを書きましょう」

「ふうせん１こで聞こえるなんて！」
今日、先生がふうせんを持ってきました。そうしたら、ふうせんを１つとっていきをフーッとはいてふくらませました。そうすると、ながぼそくなりました。先生とサチちゃんで１かいやりました。
そうしたら、サチちゃんが左手をあげました。「サチ、先生なんていった？」と先生が聞いたら、サチちゃんが「聞こえたら手をあげてといった」といっていました。わたしはふうせんの中がくうどうだから聞こえたのかなと思いました。さっそく作りました。
ピーナッツみたいな形のふうせんができました。どこから言っても聞こえました。「いつあそべる？」とふうせんで聞かれて、「遊べる日はいうね」と小さい声でいいました。
こんどは２こふうせんを使ってやりました。「ラーメンだいすきチュッチュッチュッ」であっていました。
先生が「ふうせんをはなすなよ。どうすれば聞こえる？」といって、みんなが「糸でつなげれば聞こえる」といって、先生が糸をくれました。それで６こつなげました。ふうせんでこんなことができるなんてすごいと思いました。

## 紙コップ糸電話（９時間目）

**●ねらい**

声は、糸を伝わって離れている人に伝わる。

**●必要なもの**

紙コップ、つまようじ（またはクリップ）、たこ糸、セロハンテープ

**<展開>**

### ①「糸電話をつくろう」

「風船と風船の間に糸を入れると声が伝わった」ということをもう一度

確認してから、紙コップの糸電話をつくります。

②「工夫しよう」

何人ででも話せるように糸を絡ませてみる。糸を長くしてみるなどさまざまに工夫させ、気づいたことを話し合います。

「コップをさわるとブルブルした」「話している時に糸を手で止めると、声が聞こえなくなった」「しゃべると、口のところや糸がブルブルした」「糸をぴんと張って、ギターみたいにはじくと、音が聞こえる」などの意見が出ます。

③「やったことを書きましょう」

**<糸電話のつくり方>**

紙コップ２つの底にとがった鉛筆で穴を開ける。開けたところに糸を通し、抜けないようにつまようじ（クリップ）をひもの先に付けて完成。

糸電話をつくり終えたところで、声が聞こえるかどうかやってみる。

## 針金電話（10 時間目）

**●ねらい**

音は、金属を通しても伝わって聞こえる。

**●必要なもの**

紙コップ、エナメル線（針金）、セロハンテープ

**<展開>**

①「針金でも音は伝わるかな？」

針金を配って針金電話をつくります。

②「工夫してみましょう」

全員が聞こえることを確認した後に、工夫する時間にします。

針金を長くする、針金を紙コップの側面につける、針金を何本もつなげて複数で同時に会話できるようにするなど、アイデアを引き出します。

### ③「階段の手すりをたたくと……」

授業の最後に２階の非常階段の金属の手すりをたたいて、１階の手すりにも、３階の手すりにも音が伝わっていることを確かめましょう。校庭の鉄棒やジャングルジムでもやってみるとよいでしょう。

たたいた瞬間に伝わるので、伝わる速さにも子どもたちは驚きます。

### ④「やったことを書きましょう」

「はりがね糸でんわをつくったよ」

今日の３時間目にはりがね糸でんわを作りました。つくり方はさいしょに紙コップを２こよういして、紙コップにえんぴつで上のまんなかのところに穴をあけます。えんぴつで穴をあけたらはりがねをえんぴつであけた穴の所にはりがねを入れます。はりがねを穴に入れたら、クリップを用意してはりがねの穴の所にはりがねで２かいむすびをします。

はりがねの糸でんわはなりました。うれしかったです。見つけたことは話している時、はりがねをさわってたら、ぶるぶるふるえていたことです。

**<針金電話のつくり方>**

①紙コップの底に、とがった鉛筆で穴を開ける。
②針金を通して、抜けないように止める。

第４章　学習内容と学習展開　<２学年>

## （6）シャボン玉をつくろう

### 単元のねらい

「シャボン玉をつくろう」と子どもたちに言うと、すでにでき上がったシャボン玉液と、すでにつくられている吹く道具をイメージするでしょう。そうした中で固形石けんとストローを出すと、子どもたちは驚きます。

ここでは固形石けんを水に溶かして、シャボン玉液をつくります。そして吹く道具もつくります。吹く道具はつくり替えやすいストローを使うことからはじめたいと思います。固形石けんはそのままではなかなか水に溶かすことができません。「固形石けんをけずって細かくする」ことで水に溶けやすくなることを知ります。また、ストローは、そのままで吹くと小さなシャボン玉しかできませんが、ストローの先を切って広げたり、太いストローをつくったりすることで大きなシャボン玉ができることを体験させていきたいと思います。

そして、「自然のたより」に「もっと大きなシャボン玉をつくった」ことなどが出てくるようにしたいと思います。

### 学習内容

❶石けんを水に溶かすと、シャボン玉液ができる。
❷管の先にシャボン玉液をつけて吹くと、シャボン玉ができる。
❸管の太さをかえると、シャボン玉の大きさが変わる。

### 教材

❶顔を洗う固形石けんを削って水に溶かすと、シャボン玉液ができる。
❷ストローの先にシャボン玉液をつけて吹くと、シャボン玉ができる。
❸ストローの先を切り開くと、前より大きいシャボン玉ができる。
❹画用紙をラッパ型に丸めてシャボン玉をつくると、ストローの時より大きなシャボン玉ができる。

### 指導計画（3時間）

❶シャボン玉液をつくって遊ぼう（2時間）
❷大きなシャボン玉づくり（1時間）

## 学習の展開

### シャボン玉液をつくって遊ぼう（1、2時間目）

**●ねらい**

固形石けんを細かくして水に溶かし、シャボン玉の液をつくる。

**●必要なもの**

固形石けん（グループ分）、カッターナイフ、紙コップ（人数分＋α）、ストロー（人数分＋α）、水

**＜展開＞**

**①「シャボン玉の液をつくろう」**

固形石けんとストロー、水が３分の１程度入った紙コップを取り出し、まず、つくり方を教師がやりながら説明します。

**②「シャボン玉をつくって遊ぼう」**

全員シャボン玉液ができたら、外に出てストローで吹いて遊びます。

**③「やったことを絵に描き、お話ししてください」**

自分の言葉でつづらせるようにします。

**＜シャボン玉液のつくり方＞**

①固形石けんを水に溶けやすくするために、細かくする。

細かくする時は、ア石けんを縦に置き、イカッターナイフを１目盛り分出し、ウカッターナイフの切れるほうを確認し、左手で石けんを押さえて、右手で下に向かって、石けんを削ぎ落とすように刻みます。

②水に石けんを入れ、ストローでかき混ぜる。

泡ができないように、優しくかき混ぜる。時々ストローで吹いてみて、シャボン玉ができたら完成。シャボン玉ができない場合は、石けんをまた削り、水に溶かす。

## 大きなシャボン玉をつくろう（３時間目）

**●ねらい**

吹く管の先を大きくすると、大きなシャボン玉ができる。

**●必要なもの**

ストロー（人数分×３）、画用紙、前の時間につくったシャボン玉液＊この時間は、シャボン玉液をたくさん使います。足りなくなった児童のために、固形石けんやカッターナイフも用意しておきます。

### ＜展開＞

#### ①「ストローの先を広げて、大きなシャボン玉をつくろう」

ストローの先にはさみを入れて、4回切り込みを入れます。そして、先を広げます。シャボン玉液につけ、シャボン玉をつくって見せます。

子どもたちにもつくらせ、遊びます。子どもたちの中に、もっと大きなシャボン玉をつくるために、ストローに入れる切り込みを深くし、広げ方を大きくする子どもが出てきたところで……。

#### ②「もっと大きなシャボン玉をつくろう」

ストローの先を広げるだけでは、大きなシャボン玉ができづらくなります。そこで、管を太くすればいいことを話し、画用紙を丸め、管をつくります。そしてシャボン玉をつくると、より大きなシャボン玉ができます。子どもたちにもつくらせ、遊びましょう。

#### ③「やったことを絵に描き、お話ししてください」

自分の言葉でつづるようにします。

# 6 アイを育てて染めよう

## 単元のねらい

昔から自然物から取り出した色で、絵を描いたり布を染めたりすることをしてきました。草木染めはその１つです。こうした自然から色をもらうという文化を子どもたちに教えたいと思います。また、子どもたちが使える道具と単純な作業によって、ものをつくり出すたのしさと、つくり上げた時の達成感も大切にしています。

授業では植物のアイを取り上げます。アイを育て、葉を収穫し染色をします。アイの葉をたたいた時、生葉を使ってハンカチを染めた時、アイの葉から青色が取り出せることを知ります。アイの花を観察し、たねあつめをすることで、花からたねができることも知ります。また、より多くの青色が出るスクモに昔の人が気づいたことを知りスクモでの布染めをします。

## 学習内容

❶アイはたねが発芽して育つ。
❷アイの葉を、たたいたり、しぼったりすると色水（葉っぱの汁）が出る。
❸アイの色水で布を染めることができる。
❹アイの花からアイのたねができる。

## 教材

❶アイは種子から育てると、葉をしげらせ、花を咲かせ種子をつくる。
❷アイの葉をハンカチにのせてたたくと、葉の形に染まる。
❸アイの葉の汁をとると布を染められる。
❹スクモにＴシャツをつけてもよう染めができる。

## 指導計画（全 14 時間１年を通して）

❶アイのたねをまく（５月：２時間）
❷アイの成長の観察／双葉が出た時、本葉が出た時、花が出た時など（３時間）
❸アイのたたき染め（９月：１時間）
❹アイの生葉染め（10 月：２時間）
❺「すくも」を使って、アイ染めＴシャツづくり（10 月：４時間）
❻アイのたねの収穫（11 月：２時間）

# 学習の展開

## アイのたねをまく（1、2時間目）

●ねらい

アイのたねは、米粒のような小さなものである。

●必要なもの

アイのたね（人数分）、アイの写真

＜展開＞

①「これはアイのたねです。どんな形をしてるかな？」

子どもたちに小さな粒（アイの種子）を配り、問いかけ、気づいたことを自由に言わせます。

②「たねの絵を描いて、気づいたことを絵に描きましょう」

③「１人ずつ花壇に入りたねまきをしましょう」

アイの写真を見せて「これがアイです。この葉でＴシャツを染めることができます。アイの葉がたくさんできるように、アイを育てよう」と話し、たねまきをします。

## アイの成長の観察（3、4、5時間目）

双葉が出た時、本葉が出た時、花が出た時、たねができた時などを絵と文で記録します。

## アイのたたき染め（6時間目）

●ねらい

アイの葉でハンカチを染めることができる。

●必要なもの

アイの生葉５～６枚、白い木綿の布、ハンカチなど、古新聞、古雑誌（布の下に敷く）、木鎚、ブックコート（生葉がずれないように固定するため）、洗濯洗剤、バケツ

**<展開>**

①アイの葉っぱを1枚摘んで、白いハンカチの間にはさんでたたいてみようと話します。

**ア**花壇のアイの葉っぱを摘む。

**イ**アイの葉を選びハンカチの上に置く。場所が決まったら、上からブックコートを貼り、葉っぱがずれないようにする。

**ウ**上から木鎚でたたく。

＊葉から出た汁を布に染み込ませるということをたたきながら実感する。

**エ**洗剤で洗った後で水洗いをする。染めた布を水で洗うと、緑色がとれ、青みが出る。

**オ**乾かす。

## アイの生葉染め（7、8時間目）

**●ねらい**

アイの生葉から汁をとると布が染まる。

**●必要なもの**

アイの生葉、布（木綿）、ビー玉、輪ゴム、ミキサー、石灰、ハイドロ

**<展開>**

①「布（木綿）に模様をつけましょう」

しぼり染めの場合、ビー玉を入れ輪ゴムできつくとめるなど準備をします。

②「染め液をつくりましょう」

生葉を摘みミキサーで細かくくだき、布でこして染め液をつくります。

③布を染め液につけます

5分以上つけておくようにします。

④「水で洗って　日に当てて乾かしましょう」

## アイ染めTシャツづくり（9、10、11、12時間目）

**●ねらい**

「すくも」を使ってTシャツを染めることができる。

**●必要なもの**

すくも（植物の藍葉を発酵させて堆肥状にさせたもの。田中直染料店で購入）、Tシャツ（人数分）、ビー玉、輪ゴム、板、たこ糸、わりばし、水、たらい、寸胴鍋

＊すくもアイを購入した場所　田中直染料店　TEL 075-351-0667

### ＜アイ染めTシャツのつくり方＞

①Tシャツに模様付けをする準備をする。板締め、ビー玉でしぼり、たこ糸でまきあげしぼりの３種類。
②水につける。これにより、染料が染み込みやすくなる。
③アイの染液につける。
④風（空気）に当てる。これにより、酸化して青くなります。
⑤③→④を３回繰り返す。
⑥水洗いをする。
⑦輪ゴム、たこ糸など模様付けしたところをはずす。
⑧脱水機にかけ干す。

## アイの花からたねの収穫（13、14時間目）

**●ねらい**

アイの花から、アイのたねができる。

**●必要なもの**

栽培してあるアイ

### ＜展開＞

①「アイのたねを収穫しましょう」

アイのたね取りをして、観察します。また、気づいたことを自由に発表させます。

### ②「たね取りをして見つけたことを絵と文で書きましょう」

今日アイのたねをしゅうかくしました。とってみたらアイの花がひとつだけさいていました。

花は１*mm* くらいでピンク色をしています。花の中は白いです。

たねのとなりに花のかれたあとがのこっていました。くきは竹みたいで、そこはもともとはっぱがついています。

たねの色は白っぽいのと、ちゃいろがありました。白っぽいのはたぶんたねのひょうめんのからだとおもいました。もともと、はっぱがはえていたばしょにはオオバコみたいに白いすじがあります。たねをわったらくろいつぶが出てきました。

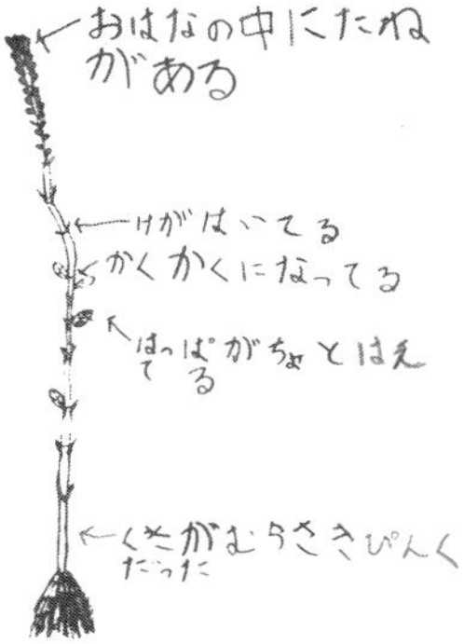

おはなの中にたねがある
けがはいてる
かくかくになってる
はっぱがちょとはえてる
くきがむらさきぴんくだった

たねの外がわのからがすこしだけ青く見えるたねもありました。たねのさきっぽに毛のようなものがありました。アイのはっぱのようなにおいがしました。くきはうすい赤です。１*cm* くらいのはっぱがのこっていました。くきが１本からなん本もはえています。たねはつるつるしていました。

# 7 自分のからだをさぐる
## ——骨と筋肉

### 単元のねらい

人のからだは、骨と筋肉があって、運動できるようなしくみになっています。骨も、筋肉も成長します。遊び、働き、運動することで、骨や筋肉がじょうぶに育つということを子どもたちと学びたいと思います。

### 学習内容

❶足や腕を動かすと筋肉も動く。
❷骨のある動物と、骨のない動物がいる。
❸人間のからだにはたくさんの骨がある。
❹骨や筋肉も伸びる。

### 教材

❶腕やふくらはぎ、ももなどに大きな筋肉があり、足や腕を動かすと筋肉も動く。
❷骨なしのタコやイカは水の外に出るとぐにゃっとなってしまうが、骨ありの魚はピーンとしている。
❸自分たちのからだにはたくさんの骨があって、からだをピーンとさせることができる。
❹１年生のときより身長が伸びたのは、骨や筋肉も伸びたからだ。

### 指導計画　（４時間）

①筋肉のあるところをさがす（１時間）
②骨のあるところをさがす（２時間）
③骨と筋肉の成長をさがす（１時間）

## 学習の展開

### 筋肉のあるところをさがす（1時間目）

**●ねらい**

筋肉はからだ中にあって、からだを動かすとき、筋肉が動く。

**●必要なもの**

人体図

**＜展開＞**

**①「筋肉はからだのどこにあるだろう」**

からだのいろいろな部分を曲げたり伸ばしたりしてみて、筋肉がどこにあって、どうなるかを見てみましょう。自分のからだをさわって、筋肉がどんな所にあるか、動かすとどうなるか、さがさせます。

**②「見つけた筋肉を、人体図に書き込みましょう」**

どこに、どんな筋肉があったか、発表させ、みんなで確かめます。

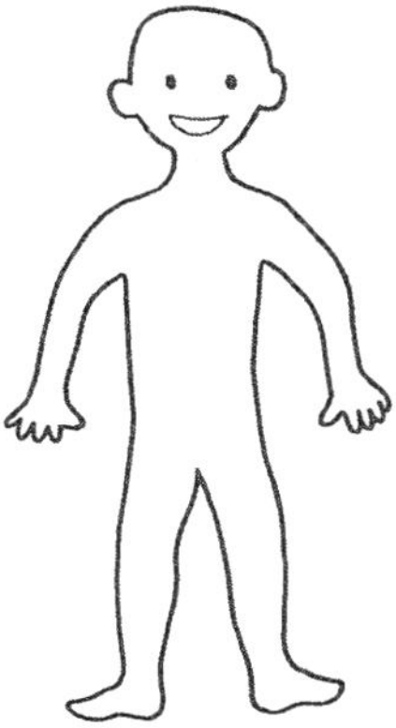

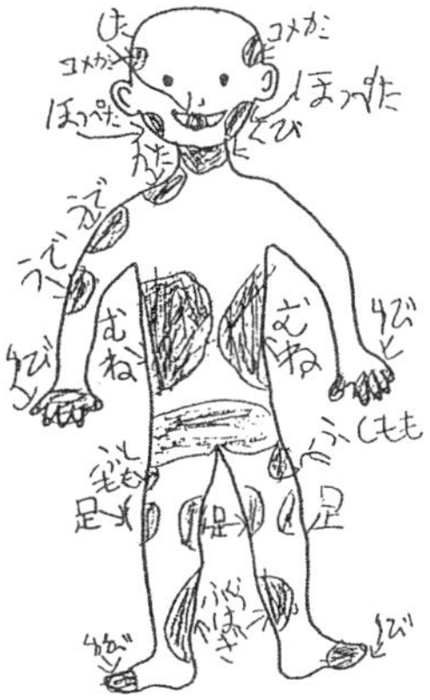


**③「やったことをノートに書きましょう」**

## 骨のあるところをさがす（2、3時間目）

●ねらい

からだにはたくさんの骨があり、骨と筋肉でからだが動く。

●必要なもの

１時間目に使った人体図、生のタコ（ないときはイカでもよい）、焼いた魚（アジなど）、人体骨格模型、絵本（『がいこつだぞ！』（からだを知る本１、草土文化）『ほねがつよいこ、じょうぶなこ！』（杉浦保夫・偕成社））

### ＜展開＞

**①「筋肉だけの動物の動く様子を見よう」**

タコが動いているビデオを見せます。生のタコを見せて、水から出るとぐにゃぐにゃになってしまうことを見せます。

**②「魚の骨を見てみよう」**

魚は水から出してもぴんとしていることを見せる。筋肉を取って、どのような骨があるか見ます。

**③「自分のからだのかたいところをさわって、骨をさがそう」**

どんな所に、どんな骨があるか、自分のからだのかたいところをさがします。

**④「見つけた骨を、図に書き込み、発表しましょう」**

発見したことを、みんなで共有し、確かめます。

**⑤「からだの骨は、全部で何個くらいあるのでしょう」**

骨格標本で、からだの骨を見て、全部で約 200 個あることを教えます。

**⑥「絵本を読もう」**

『がいこつだぞ！』のはじめから７ページまでと、『ほねがつよいこ、じょうぶなこ！』のはじめから 11 ページまで読みきかせします。

**⑦「やったことをノートに書きましょう」**

## 骨と筋肉の成長（4時間目）

**●ねらい**

骨も筋肉も、成長する。

**●準備**

紙テープを１年になったときと、２年になったときのからだの長さに切っておく。

教師のくるぶしからひざの長さと、手首からひじまでの長さに合わせて、紙を切っておく（人数分）。

**●必要なもの**

２色の紙テープ、B4 サイズの紙（人数分×２）、本『ほねがつよいこ、じょうぶなこ』

### <展開>

**①「１年生のときの身長と、今の身長を比べてみよう」**

テープを渡して、どのくらい伸びたか見ます。

**②「先生と子どものからだの大きさを比べてみましょう」**

子どもたちと教師の足と手の長さを比べます。教師の足と手の長さに切った紙を渡して、どのくらい違うか、自分と比べさせます。

**③「絵本のつづきを読みましょう」**

『ほねがつよいこ、じょうぶなこ』の13ページから最後までを読みます。

**④「やったことをノートに書きましょう」**

# 8 絵地図づくり

## 単元のねらい

学校や地域の絵地図づくりの単元では、学校めぐりや地域めぐりをして、教室の床いっぱいの大きな絵地図をつくります。「地図」というのですから、いわば「空間認識」を育てる学習という範疇に属することにもなります。しかし、子どもたちにとって、自分の足で歩いた実際の道すじを、大きな絵地図に置きかえることは、かなり困難なことです。「空間認識」の土台となる位置を表現する手段を子どもたちが持っていないからです。だから多くの場合、教師が描いた絵地図に子どもが書いた模型の家を貼り付けるという学習になります。

絵地図づくりを、より、子どもたち自身が主体的に取り組む活動にしていくために、絵地図づくりの前にしておくべき学習を追加しました。

①簡単な座標を使って平面上の位置を表すこと、②方位を知ることは、絵地図づくりを行なうにあたって、重要な手がかりとなることでしょう。

## 学習内容

❶簡単な座標を使って平面上の位置を表す。
❷太陽を使うと方位がわかる。
❸学区域の絵地図づくりをする。

## 教材

❶方眼紙に描かれた図を目盛りを数えて写す。
❷昼頃の太陽で影を見ると、南北がわかる。
❸屋上から見えるものの方向を東、西、南、北を使って言う。
❹学区域の地図に見つけたおもなものを入れると絵地図ができる。

## 指導計画 （8時間）

❶方眼紙を使って、点を写しとる（1時間）
❷方眼紙を使って、形づくりをする（1時間）
❸校庭に南北線を引く（1時間）
❹学校の屋上から見える建物の絵を描く（1時間）
❺学区域を歩く（2時間）
❻絵地図をつくる（2時間）

## 学習の展開

### 方眼紙を使って、点を写しとる（１時間目）

**●ねらい**

方眼紙を使うと形を写しとれる。

**●必要なもの**

方眼黒板、１*cm* 方眼の工作用紙４分の１大（人数分）、はさみ、定規、筆記用具

**＜展開＞**

#### ①「工作用紙に目盛りを打ってください」

工作用紙（１*cm* 方眼）４分の１大のものを全員に１枚ずつ配ります。それに、２本の座標軸を書き、縦軸、横軸のそれぞれに０、１、２、３点の数字を書かせます。

#### ②「方眼用紙を使って、形をつくってみましょう」

方眼黒板に同様に２本の座標軸を書き、数字を書きます。そのあと、縦線と横線の交点にいくつかの点を打って、それを結んで形を書きます。

#### ③「横に４つ行って縦に１つ行った所を……」

子どもたちにも、方眼黒板に書かれた点の位置を自分の工作用紙に写しとらせます。そのとき、縦軸、横軸の数字を手がかりに、「横に４つ行って縦に１つ行った所」と確認しながら、写しとらせるようにします。

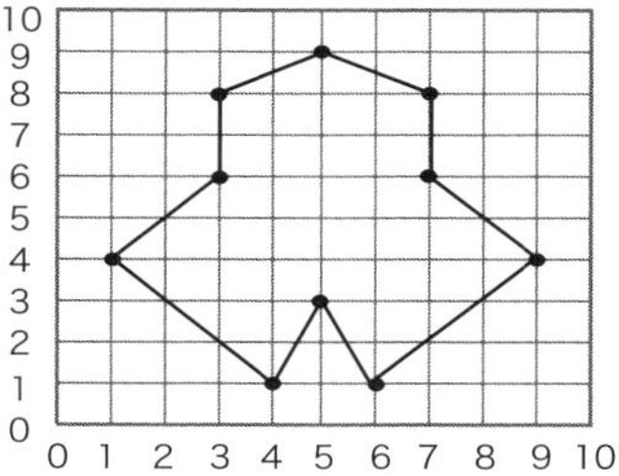


#### ④「はさみで、線を切り取りましょう」

写しとった点を直線で結んで、それをはさみで切り取り、教師が作った見本とぴったり合うか、確かめます。

#### ⑤「やったことを書きましょう」

## 形づくり（２時間目）

**●ねらい**

１時間目と同じ

**●必要なもの**

工作用紙４分の１大のもの（人数分）、はさみ、定規、筆記用具

**＜展開＞**

**①「グループの中の１人が形づくりの問題を出します」**

工作用紙（１*cm* 方眼）４分の１大のものを全員に１枚ずつ配ります。グループの中で問題を出す子を１人決めます。その子は自分の工作用紙に、１時間目でやったのと同じようにして、自分で考えた点を打って形をつくります。

**②「問題を出す人は縦と横の数字だけで伝えます」**

点の位置の座標の数字だけ言って、グループの出題者以外の人に伝え、工作用紙に形を写しとらせます。

**③「形を切り取って、答え合わせをしてみましょう」**

切り取った形が、お互いにぴったり合うかを確かめます。

**④「やったことをノートに書きましょう」**

## 校庭に南北線を引く（３時間目）

**●ねらい**

太陽の影を使うと北と南がわかる。

**●必要なもの**

ラインカー（この授業は、正午に活動できる時間帯に行なう）

**＜展開＞**

**①「東・西・南・北を学習し、学校の周りの地図をつくりましょう」**

地図を書くには、東西南北がわからないと書けません。まずは、教室から見た東西南北を確認します。

## ②「東はどの方向ですか？」

東は太陽が出てくるほうであることを確認し、続いて、「西はどの方向かを問います。太陽がしずむほうと教えるとよいでしょう。

## ③「南はどの方向ですか？」

南は、太陽が東から出て、西にしずむまでの真ん中で、正午のときの太陽が見える方向であると教えます。北は、「そのときの太陽の影ができるほう」であることを話し合いながら確認します。

## ④「グループごとに並びましょう」

校庭に出て、太陽が南中したころ（ほぼ正午ごろ）、校庭のいろいろな所に班ごとに並びます。「前の子の影の頭の所に次の子が立つ」ように並んで、できた影（南北線）にラインカーで白線を引きます。

## ⑤「両手を横に開いてください」

両手をあげて、その方向に白線（東西線）を引きます。

## ⑥「屋上から、東西南北を確認してみましょう」

校舎の屋上に上がって、校庭に引いた線を見て、みんな同じ方向を向いていることを確かめます。また、屋上での東西南北を確認します。

## ⑦「やったことをノートに書きましょう」

## ⑧「絵本を読みましょう」

絵本『ひがしとにし　みなみときた』（フランクリン・M・プランリー／ロバート・ガルスター／林淳一訳、福音館書店）の読み聞かせをします。

## 学校の屋上から見えるもの調べ（４時間目）

**●ねらい**

学校の屋上から東西南北の方角に見えるおもな建物を調べる。

**●必要なもの**

画用紙、筆記用具、画板

**＜展開＞**

**①「北の方角には、なにが見えますか？」**

校舎の屋上に上がり、北の方角にどんな建物、公園、自然が見えるかを、みんなで確かめます。

**②「ほかの方角には、どんな建物が見えますか？」**

同様に、南、東、西の方角にどんな建物、公園、自然が見えるかを、みんなで確かめます。

**③「グループに分かれて、見えるものを絵で描きましょう」**

北、南、東、西の４つのグループに分かれて、それぞれ画用紙に目印となる建物、公園、自然の絵を描きます。それらの名前がわかったら、絵の中に記入しておきます。

## 学区域を歩く（５、６時間目）

**●ねらい**

東西南北にあるおもな建物の位置を実際に歩いて確かめる。

**●必要なもの**

学区域の地図のコピー（大きな道路が書いてある簡単なもの、全員分）、筆記用具

**＜展開＞**

**①「地図を持って、学校の外に出てみましょう」**

学区域の地図を持ちながら歩きます。

**②「見つけた目印を地図に書き込みましょう」**

北コース、南コース、東コース、西コースをおもな道路に沿って歩き、

大きな建物や目印となるもの、友だちの家にある場所を地図に記入していきます。

## 絵地図をつくる（7、8時間目）

**●ねらい**

学区域の地図に見た建物の絵を描き入れると絵地図ができる。

**●必要なもの**

４時間目描いた絵、第５・６時に書いた学区域の地図、模造紙、のり、フェルトペン

**＜展開＞**

**①「大きな絵地図をつくりましょう」**

模造紙を何枚かつなげて、絵地図を書く大きな台紙をつくります。

**②「まずは、おもな道路を書いていきます」**

学校を中心にして、学区域の地図を参考にしながらおもな道路を書かせます。

**③「屋上や、まわりを歩いて見つけたものを地図に書いていきます」**

屋上から見た建物の絵や学区域を歩いて調べたことをもとにして、大きな建物や友だちの家、公園や川などの自然を絵地図の中に記入させます。

**④「学校の周りで発見したことは、この地図に書き加えましょう」**

完成したものは教室の壁面に常時掲示しておきます。このあとの「しぜんのたより」などで出てきた場所をこの地図で確認するようにします。そして、「どこでどんなものを見つけたか」を絵地図の中にどんどん記入していきます。

# 9 学校で働く人

## 単元のねらい

子どもたちが１日の大半を過ごす学校には担任や専科の先生、校長先生、保健の先生などがいて、勉強を教えたり、子どもたちの世話をしたりしています。子どもたちは、自分との関わりから、それを知っているでしょう。

この単元のねらいは、学校には教員のほかに、事務、用務、守衛、警備の仕事をする人たちがいることを理解させることです。

例えば、授業で使う紙類やチョークやマジックペンなどは、事務員が購入します。家庭などからかかってくる電話を取り次ぐのも事務員です。校内の清掃を担当するのは、用務員です。秋には毎日大量の落ち葉を掃いて校内を美しく保ちます。守衛や警備の仕事は、学校の安全を守ることです。来校者の管理や校内の見回り、校舎の施錠と解錠などをします。

いろいろな職種の人がそれぞれの仕事をさまざまな思いでしていることに気づかせるように、仕事に携わっている人の働く様子を見たり、話を聞いたり、可能なら仕事を体験したりします。

＊教材や指導計画は、学校の実情に合わせて選択してください。

## 学習内容

❶学校にはいろいろな仕事をしている人たちがいる。

## 教材

❶学校では、教員、用務員、守衛、事務員、警備員、売店の店員など、多くの人が働いている。

❷守衛は、来校者の管理、校内の見回り、登下校時や休み時間の見守りをして、学校や子どもたちの安全を守っている。

❸用務員は、トイレ掃除、落ち葉はきなどをして、校内を美しく保つ。落としものの整理と管理をする。

## 指導計画（３時間）

❶学校で働く人調べ（１時間）

❷守衛さんの仕事調べ（１時間）

❸用務の人たちの仕事調べ（１時間）

## 学習の展開

### 学校で働く人調べ（１時間目）

●ねらい

学校では、教員、用務員、守衛、事務員、警備員、売店の店員など、いろいろな職種の人が大勢働いている。

●準備

学校で働いている人の顔写真を撮り、顔写真に名前をつけておく。

**＜展開＞**

①「今朝、学校で一番最初に会った人は誰ですか？
　どんなことをしていましたか？」

学校で働いている人を思い出させ、子どもが挙げた人の写真を職種ごとに黒板に貼り、どんなことをしていたかを発表し合います。

②「やったことを書きましょう」

黒板に貼られた写真を見て、気づいたことや、今までに見た働いている様子を思い出して書きつづらせます。

今日、しゅえいさんのことをしらべた。べんきょう中に、西門のかぎをしめてどろぼうとか来ないようにかぎをしてた。てつのぼうを出して、たたかいをしててすごいなっておもった。

しゅえいの東さんの話を聞いてわたしが一ばんこころにのこったのは、べん強中にてつぼうの点けんをしてるっていうのはしってたけど、いけの点けんをしてるのはしらなかった。なんのためにいけを点けんしたかわかった。子どもたちがいけであそんでる時にガラスがないかとかしらべててくれたっていうのが一ばんこころにのこった。あと、いっぱいしごとがあるのに、ぜんぶおぼえてられるなんてすごい。

### 守衛さんの仕事調べ（２時間目）

●ねらい

守衛さんは、来校者の入室管理と校内の見回りをする。登下校時や休み時間に子どもを見守る。

**●準備**

守衛さんが働いている様子を写真に撮る。
授業で子どもたちに、守衛の仕事の話をしてくれるよう、守衛さんに依頼する。

**<展開>**

**①「守衛さんはどんなことをしていましたか？」**

子どもたちの発言を受けて、守衛さんが働いている様子の写真を黒板に貼る（登校時から下校時まで時間の流れが見える順番に貼る）。

**②「守衛さんの話を聞きましょう」**

子どもが見ることのできない授業中のことや、子どもが気づいていないことを中心に、守衛の仕事の話を聞きます。

**③「やったことを書きましょう」**

友だちの発表や守衛さんの話を聞いて、学んだことを書きつづります。

### 用務の人たちの仕事調べ（3時間目）

**●ねらい**

用務員は、落ち葉掃き、トイレ掃除、落としものの管理をしている。

**●準備**

用務の人たちに、仕事の話をしてくれるよう依頼する。
用務の仕事のうち、子どもが見てわかりやすく、体験できる内容を打ち合わせる。

**<展開>**

**①「用務の人たちの仕事の様子を見に行きましょう」**

仕事の内容を伝え、仕事ごとのグループに分かれて、仕事調べをします。

**②「用務の人たちの仕事でわかったことなどを書いてみましょう」**

見たこと、聞いたこと、やったことを書きつづります。

**③「書いたことを発表してください」**

書いたものを読み合い、友だちの発表から、他の用務の仕事を知ります。

**【参考文献（順不同）】**


『見つける・つくる生活科』江川多喜雄［編著］、星の環会、1998年

『地学・低学年の理科』柴田義松［監修］、日本標準、2008年

『身近な自然の観察』江川多喜雄［著］、子どもの未来社、2009年

『明星の教育 2001 春』明星学園小学校［編］、2001年

『まるごと科学工作』江川多喜雄［著］、いかだ社、2002年

『ふゆめがっしょうだん』富成忠夫・茂木透［写真］長新太［文］、福音館書店、1990年

『樹木の冬芽図鑑』菱山忠三郎［著］、オリジン社、1996年

『育ててあそぼう 18「アイの絵本」』日下部伸幸［編］、農文協、1999年

『たべもの ひみつはっけん』江川多喜雄［監修］、草土文化、1995年

『空気 ひみつはっけん』江川多喜雄［監修］、草土文化、1995年

『電気・じしゃく ふしぎはっけん』江川多喜雄［監修］、草土文化、1996年

『とけているものひみつはっけん』江川多喜雄［監修］、草土文化、1996年

『地球・夜空 ふしぎはっけん』江川多喜雄［監修］、草土文化、1996年

『輪ゴムのメカ』江川多喜雄＋木村研［著］、星の環会、1995年

『フィルムケースのメカ』江川多喜雄＋木村研［著］、星の環会、1996年

『紙ざら・紙コップのメカ』江川多喜雄＋木村研［著］、星の環会、1997年

# あとがき

自然の姿に目を向け働きかける子どもたちに育ってほしいと思います。わたしたちは、このことをだいじにして、低学年教育の実践をしてきました。『子どもと学ぶ小学校の理科１、２、３年向』（玉田泰太郎編著、草土文化、1974 年）は、その思いをもとに最初にまとめた１冊で、低学年の子どもたちがからだで自然をとらえ、みんなで学ぶことの大切さが、実践を通して述べられています。

その後、たくみな手を、手と頭の結びついた学習をすすめる科学おもちゃづくりの『理科工作』（江川著、草土文化、1981 年）、自然へのゆたかな眼をひらく授業を述べた『小学校の理科』（真船和夫編、有斐閣、1981 年）と、立て続けに出版してきました。

また、「生活科」が新設されるときには、低学年教育で科学認識をどのようにするかをまとめた『「生活科」をのりこえる授業』（東京民研編、あゆみ出版、1987 年）、『低学年の生きものさがし』を改訂した『１・２年の自然に働きかける学習』（江川著、あゆみ出版、1992 年）、『たのしくわかる理科１・２年の授業』と、それを改訂した『自然をさぐる・ものをつくる１・２年の授業』（玉田泰太郎編、あゆみ出版、1993 年）など、実践研究の成果を発表してきました。

そして、「自立への基礎をつくる生活科を」と１年生の１年間の学習と子どもたちの成長をまとめた『はっけんだいすき１年生』（五十嵐寿著、あずみの書房、1992 年）が出版されました。

こうした成果に学びながら、実践・研究を続け、『見つける・つくる生活科』

（江川多喜雄編著・星の環会、1998 年）をまとめました。とりわけ、生活科の授業で、何をだいじにして、どのように行なうかという実践を、具体例とともに紹介しました。

それから 14 年が経ち、生活科も新しい教科書になりましたので、この機会にその後の実践・研究を入れたものに改訂したのが本書です。これを機会に生活科の実践・研究を広め、深めていきたいと思います。

2012 年 8 月　江川　多喜雄

**自然科学教育研究所**

理科は、自然科学の基礎的な事実、法則、概念を学ぶ教科であると考え、自然科学教育の研究を広め、深めるために 1995 年 1 月に設立された。

◎連絡先

〒114-0023　東京都北区滝野川 7-39-3 丸勝マンション 201

TEL ＆ FAX 03-3916-3213

**編著者**

江川　多喜雄（自然科学教育研究所代表）

1934 年、長野県生まれ。元東京都小学校教諭。科学教育研究協議会会員。

◎おもな著書（共著）

『はて・なぜ・どうしてクイズ エネルギーとくらし』合同出版（2002 年）
『理科だいすき先生が書いた教科書よりわかる理科』＜３～６年＞いずれも合同出版（2005 年）
『本質がわかる・やりたくなる理科の授業〈６年〉』子どもの未来社（2011 年）

**執筆者**

伊野文子、菊池牧子、木村匡司、高鷹敦、高鷹美恵子、佐々木仁、住中登紀子、高橋洋、高橋真由美、富田秀和、根岸あずさ、山本延子

**そのまま授業にいかせる生活科**
**ねらい・学習内容・展開**

2012 年 9 月 15 日　第 1 刷発行

編 著 者　江川　多喜雄
発 行 者　上野　良治
発 行 所　合同出版株式会社
東京都千代田区神田神保町 1-28
郵便番号　101-0051
電話　03（3294）3506
振替　00180-9-65422
ホームページ　http://www.godo-shuppan.co.jp/
印刷・製本　株式会社光陽メディア

■刊行図書リストを無料進呈いたします。
■落丁乱丁の際はお取り換えいたします。



ISBN978-4-7726-1092-6　NDC376　210 × 148